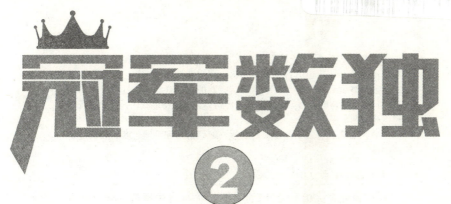

冠军数独 2

2014、2015世界数独锦标赛 中国选拔赛赛题及详解

北京广播电视台数独发展总部 编著

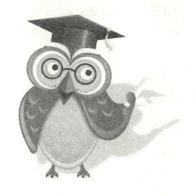

龍門書局

内 容 简 介

世界数独锦标赛是目前为止世界上规模最大、规格最高的数独比赛，每年举办一届，由其授权机构统一选拔人员组队参加。本书集结了2014、2015世界数独锦标赛中国区选拔赛的全部赛题，并且对较难的题目进行了分步详解，对关键步骤重点解析，关键点精准点评，帮助读者快速提高解题水平。

本书适合具有一定基础，想要提高解题水平和解题速度的数独爱好者阅读。

图书在版编目（CIP）数据

冠军数独2：2014、2015世界数独锦标赛中国选拔赛赛题及详解/北京广播电视台数独发展总部编著. —北京：龙门书局，2016.4

ISBN 978-7-5088-4682-8

Ⅰ.冠… Ⅱ.北… Ⅲ.智力游戏 Ⅳ.G898.2

中国版本图书馆CIP数据核字（2016）第049517号

责任编辑：孙力维 杨 凯/责任制作：魏 谨

责任印制：赵 博/封面设计：庞 娜

北京东方科龙图文有限公司 制作

http://www.okbook.com.cn

龍門書局 出版

北京东黄城根北街16号

邮政编码：100717

http://www.longmenbooks.com

天津新科印刷厂印刷

科学出版社发行 各地新华书店经销

*

2016年4月第 一 版 开本：890×1240 1/32

2016年4月第一次印刷 印张：8 3/4

字数：265 000

定价：38.00元

（如有印装质量问题，我社负责调换）

编者序

本书中囊括了 2014、2015 两年所有中国数独锦标赛的赛题，是全面了解、参考国内数独顶级赛事题目难度、题型趋势的唯一参考资料。

根据惯例，各类数独赛题都很少会在网上共享，所以只有入围复赛、决赛的选手才能亲身接触真题。尤其是中国锦标赛决赛阶段，每年只有 20~30 个名额，其他未能入选的爱好者没有机会一窥真正有技术含量的顶级赛题，往往会对大型数独比赛题目及难度有很大的误解。本书真题的出版将使得长期以来想了解中锦赛真题的爱好者夙愿得偿，并对赛题题型及难度建立正确的认识。

中国数独选拔赛题型及赛程经过了 2012、2013 两年的尝试和调整，以及 2014、2015 两年的稳定和微调，无论对于参赛者的备赛还是赛程的设置来说都有积极的意义。尤其是近两年初赛和复赛的模式和题型均未有较大变动，题型及难度相对稳定，一是说明这些赛题的难度和题型确实是目前的主流题型及难度，二是根据这个赛程模式选拔出来的选手确实可以代表中国数独竞技上的高水准，从近几年中国队在世界数独锦标赛上的成绩就可见一斑。初赛和复赛题型的稳定对于初学者和想尝试参赛的爱好者来说是好消息，无论从数独技巧、题型的针对性学习，还是赛前的练习准备来说都有参考价值。

决赛阶段的赛题，无论题型、数量还是难度方面及限时等要求和复赛相比都有较大提升。主要目的是选拔能在高强度下快速准确解题的选手，以适应数独世锦赛的强度要求。

针对决赛阶段难题和新题的讲解部分是本书的重点和亮点。与《冠军数独——2012、2013 世界数独锦标赛中国选拔赛赛题集详解》不同，本书选择的十道题不再是常规基础变型数独，而是这两年难度最大、题型最新的题目。为普通数独爱好者开阔视野、提高解题能力提供最好的帮助和支持。需要指出的是，本书详解部分主要由介绍该题的规则、入手的思路及该题的大体解题步骤几部分构成。为了清楚说明基本概念和引导初学者使用新规则技巧，赛题详解部分解题思路模式稍固定和按部就班，针对的读者群也是有一定数独基础的爱好者。如果是纯新人且不懂常见数独术语则需要做做功课，如参考数独总部出版的《标准数独一本通》等。而对于少数的准比赛级选手来说，本书的解题思路并不是真正实战最佳步骤，所以可以适当参考，如觉得自己思路更好、更快，完全可以按自己的解题模式继续练习，不必因为不同而产生困扰。

通过本书对赛题有所了解，产生兴趣并想参加比赛一试身手的爱好者请关注 " 数独酷 " 官方网站（www.sudoku.org.cn）的赛事动态，每年的中国数独选拔赛通常在 6 月 ~8 月间举办，想参加的爱好者一定不要错过机会。

希望本书可以让你对数独有全新的认识并有所收获。

谢金伯（蓝天）

2015 年底于京

前　言

数独，是一种以数字为表现形式的益智休闲游戏，起源于中国数千年前的《河图》、《洛书》。而"数独"（Sudoku）一词源于日本，意思是"只出现一次的数字"，数独已经发展成为一种风靡全世界的益智游戏，拥有上千万的爱好者。

北京广播电视台数独发展总部是世界智力谜题联合会（World Puzzle Federation，英文缩写 WPF，简称：世智联）在中国区的唯一会员机构，肩负着数独等智力谜题在中国境内的推广和普及工作。例如，负责组织国内最高水平的数独赛事——中国数独锦标赛及各种普及型的数独赛事和活动；开展面向所有层次爱好者的培训宣传工作；自主研发数独相关的书籍、教具等产品。

"世界数独锦标赛中国区选拔赛"自 2011 年起，每年在国内选拔参加世锦赛的中国数独选手，自 2012 年该赛事正式更名为"中国数独锦标赛"。2014 年、2015 年比赛都由慈铭健康体检管理集团股份有限公司倾情赞助，"慈铭体检杯中国数独锦标赛"赛事规模不断扩大，国内参与进来的爱好者也不断增多，高手也不断涌现。《冠军数独 2——2014、2015 世界数独锦标赛中国选拔赛赛题及详解》集合了 2014、2015 年两年比赛的全部赛题，并且详细讲解了这两年赛题中难度较大的题目。阅读本书对数独爱好者训练实战经验，开拓解题思路，了解中锦赛题目难度和类型并掌握多种解题方法大有裨益。

目 录

第1章

赛事介绍

　　世界数独锦标赛是由世界智力谜题联合会主办的一项世界上规模最大的数独比赛。自 2006 年以来，先后在意大利卢卡、捷克布拉格、斯洛伐克日利纳、美国费城、匈牙利埃格尔、克罗地亚、中国北京、英国伦敦和保加利亚索菲亚举办了十届比赛，每年都吸引来自四十几个国家和地区的几百名数独爱好者参加比赛。我国数独选手第一次参赛是第二届在捷克布拉格的比赛，通过几年的努力，在 2014 年、2015 年中国选手均有人入围个人世界前十，团体赛分别获得第三名和第二名的好成绩。由于中国新生一代数独高手年龄都不大，几乎包揽了世锦赛十八岁以下年龄组的所有奖牌。

　　中国数独锦标赛致力于选拔优秀数独人才，组建中国数独代表队，参加世界数独锦标赛，自 2011 年以来每年举办一次。比赛不仅是全国数独爱好者的一次华丽盛宴，更是我国数独选手通向世锦赛的重要一站；在国内选拔具有国际水准的数独高手的同时，也为爱好者提供了一次经验分享、竞技交流的平台，让他们体验到很多平时难得一见的数独题型，了解国际赛事的规则和难度，激发他们参与数独运动的兴趣和热情。

　　在赛题方面，2014、2015 年中国数独锦标赛初赛和复赛赛题的题型和难度均比较平稳，标准数独的题量比例和常规变型数独题型的固定，使有意参加赛事的爱好者可以更有针对性地备赛。在赛制方面，首次引入积分制，晋级渠道更多元。2014、2015 年在学而思培优的协助，由数独总部在部分地区的分支机构承办，分别在 7 个和 11 个城市设立数独赛场，包括北京、上海、天津、广州、深圳、沈阳、重庆、南京、郑州、长沙、东莞、潍坊和宁波等城市。2015 年中国数独锦标赛晋级最后复赛的渠道有很多种，五个报名人数最多城市的前 15 名选手将直接进入复赛，其他六个城市的前 5 名直接进入复赛，其余所有选手成绩前

30 名也将入选；近两年参加中锦赛都进入前 30 名的选手和全国大学生数独挑战赛前 10 名的选手也将直接晋级复赛，共同争夺 8 个中国数独代表队的席位。

历届赛事回顾：

2011 世界数独锦标赛中国选拔赛举办时间是 2011 年 9 月 4 日至 9 月 18 日。北京、上海、南京三地初赛选拔出的 20 名选手，进入复赛和决赛。大赛前 3 名选手与中国数独排名第一的陈岑组成中国数独代表队，参加 2011 年 11 月 6~10 日在匈牙利举办的第 6 届世界数独锦标赛。

2012 世界数独锦标赛中国选拔赛举办时间是 2012 年 7 月 22 日至 8 月 11 日。大赛初赛于 7 月 22 日举行，设立北京、上海、广州三大赛区，同一赛题、同一时间，三地同时比赛。根据大赛安排，进入复赛的 50 名选手可入选"中国数独人才库"，免费成为"数独发展总部"会员，决赛则在北京举行，决赛的前 5 名选手与国内数独排名第一的陈岑组成中国数独代表队，获得由北京广播电视台提供的免费参加 2012 年 10 月 1~7 日在克罗地亚举办的第 7 届世界数独锦标赛的资格。

2013 世界数独锦标赛中国选拔赛举办时间是 2013 年 8 月 4 日至 8 月 10 日。此次赛事设立北京、天津、上海、南京、广州、深圳、武汉、重庆、杭州、沈阳、西安十一个分赛区，同一赛题、同一时间比赛。2013 中国数独锦标赛是迄今为止全国范围内举行的规模最大的数独赛事，通过初赛、复赛、决赛，在全国范围内甄选具有国际水准的数独高手，在 2013 年 10 月 12~19 日中国举办的第 8 届世界数独锦标赛中取得佳绩。

2014 世界数独锦标赛中国选拔赛举办时间是 5 月 18 日至 6 月 2 日。大赛决出的优秀选手组成中国数独代表队，获得由北京广播电视台提供的免费参加 2014 年 8 月 10~17 日在英国伦敦举办的第 9 届世界数独锦标赛的资格。

2015 世界数独锦标赛中国选拔赛举办时间是 2015 年 8 月 2 日至 8 月 16 日。此次赛事设立北京、上海、重庆、广州、南京、长沙、深圳七个分赛区及大连、潍坊、东莞、宁波四个数独总部授权机构分赛场，同一赛题、同一时间比赛。本届比赛决赛晋级沿袭上一年的模式，但将人数增加为 150 人，是历届中锦赛决赛人数最多的一届。大赛决出的优秀选手组成中国数独代表队，获得由北京广播电视台提供的免费参加 2015 年 10 月 10~17 日在保加利亚索菲亚举办的第 10 届世界数独锦标赛的资格。

第 2 章

2014 年选拔赛赛题

初赛第一轮赛题

（限时 50 分钟 总分 200 分）

第一题 标准数独：在空格内填入数字 1~9，使得每行、每列、每宫都是数字 1~9。（16 分）

			4	8			6	9
	4					7	8	1
	1	5	7					
2				7	6	4	9	
		9	1			3	8	
	8	6	9	2				5
						8	9	1
1	4	2				6		
6	9			1	2			

第二题　标准数独: 在空格内填入数字 1~9, 使得每行、每列、每宫都是数字 1~9。（16 分）

5	4		3		2			
9		2		4		8		3
	3						4	
3			2	1			6	4
6		4				2		5
7	2			6	5			9
	1					9		
8		7		3		1		6
			5		1		3	7

第三题 标准数独: 在空格内填入数字 1~9, 使得每行、每列、每宫都是数字 1~9。（18 分）

7			2			8		4
1	9		4	8			3	
4	6							2
	7		8			2		5
5		1			9		7	
6							4	8
	2			5	8		6	3
8		5			4			1

第四题　标准数独：在空格内填入数字 1~9，使得每行、每列、每宫都是数字 1~9。（18 分）

3	6			8		7		9
		5			6	2		
	8		7				4	
9		6	8	2				3
4				9	5	6		8
	4				1		3	
		1	9			5		
6		8		4			9	2

第五题 标准数独：在空格内填入数字 1~9，使得每行、每列、每宫都是数字 1~9。（20 分）

3	1	6						
4	7					1		
			1		4	9		3
2			9		7			8
			5		2			
5			8		3			6
1			4	7		5		
	2						4	7
						6	3	1

第六题　标准数独: 在空格内填入数字 1~9, 使得每行、每列、每宫都是数字 1~9。（20 分）

9		7	8	4			1	
								4
6	5	4	3	2				
5	8				4			
7								3
			2				9	6
			5	3	1	6	2	
2								
	4			9	2	8		7

第七题 标准数独: 在空格内填入数字 1~9, 使得每行、每列、每宫都是数字 1~9。（22 分）

						5	8	2
	2	9						
5	1	7		6	9	4		
		6			3	2		
	1		2					
1	7		3					
2	3	4		7	8	6		
			1	4				
4	7	6						

第八题　标准数独: 在空格内填入数字 1~9, 使得每行、每列、每宫都是数字 1~9。（22 分）

5	4					3	9	2
			4				7	
2	3				7		5	6
3	8							
			6		2			
							6	5
6	2		9				8	7
	9				8			
	1	3	7				9	2

第九题 标准数独: 在空格内填入数字 1~9, 使得每行、每列、每宫都是数字 1~9。（24 分）

	4			8		9		
	3		6	1		8		
		1						4
	6		2					9
7	2						4	8
4					6		2	
9						4		
	8			2	1		7	
	1		9				5	

第十题 标准数独: 在空格内填入数字 1~9, 使得每行、每列、每宫都是数字 1~9。（24 分）

	1			7	2			
3							9	8
9			8	3				
5		2			9		7	
		9				1		
	3		2			6		9
				1	8			5
7	8							6
			5	9			8	

初赛第二轮赛题

（限时 50 分钟 总分 160 分）

第一题 六宫对角线数独：在空格内填入数字 1~6，使得每行、每列、每宫和两条对角线内数字都是 1~6。（6 分）

			6		
3		6			
				1	5
4	5				
			3		4
		4			

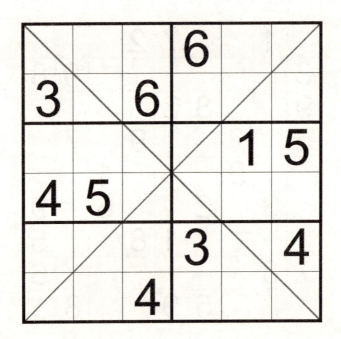

第二题　六宫不连续数独：在空格内填入数字 1~6，使得每行、每列、每宫内数字都是 1~6，相邻两格内数字之差不能为 1。（6 分）

3					
				3	
2		6			
			6		4
	3				
					3

第三题 六宫无缘数独：在空格内填入数字 1~6，使得每行、每列和每宫内数字都是 1~6，相同的数字不能对角相邻。（6 分）

6		2		3	
1			3		
		6			2
	6		4		5

第四题　六宫摩天楼数独：在空格内填入数字 1~6，使得每行、每列和每宫内数字都是 1~6，盘面外数字表示从该方向观测可以看到的楼房个数，盘面内的数字表示不同高度的楼房，楼层高的大数会挡住其后面小数的观测视线。（8 分）

			1				
2							2
		3					1
3			1				
				3			3
2					1		
1							5
				2			

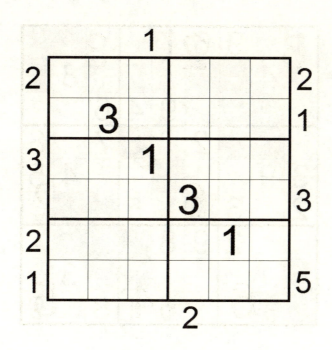

第五题 奇数数独：在空格内填入数字 1~9，使得每行、每列和每个宫内数字不重复，灰色格子内只能填入奇数。（16 分）

1		9	6	7				
	4						8	
				9	4	6		
			2			7		8
3	9						4	5
2		6			5			
		2	9	8				
	1						3	
				6	1	8		9

第六题　额外区域数独：在空格内填入数字 1~9，使得每行、每列、每个宫以及每个灰色额外的区域内数字不重复。（21 分）

第七题 无马数独：在空格内填入数字 1~9，使得每行、每列、每个宫内数字不重复。任意形成国际象棋中的马步关系（二拐一）的两格内不能填入相同的数字。（21 分）

1			6		9			
		6				1		9
	3		5		1		7	
3		5		1				7
			3		4			
7				9		3		2
	7		1		3		2	
6		3				9		
			9		8			3

第八题　连续数独：在空格内填入数字 1~9，使得每行、每列、每个宫内数字不重复，相邻两格内数字之差为 1 的两格间标出粗线；相邻两格间没有粗线的则两数字之差不能为 1。（16 分）

第九题 斜线数独：在空格内填入数字 1~9，使得每行、每列、每个宫内数字不重复，同一条斜线内不能填入相同的数字。（30 分）

	7	9				3		
			2		3	5		9
3	5		9					
				4		7	9	2
1			7		9			6
7	9	4		2				
					7		3	1
6		7	1		2			
		8				2	6	

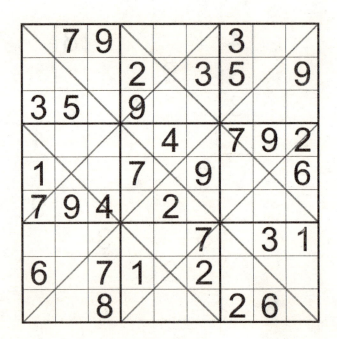

第十题　乘积数独：在空格内填入数字 1~9，使得每行、每列和每个宫内数字不重复。相邻两格之间所标的提示数表示这两格内数字的乘积。（30 分）

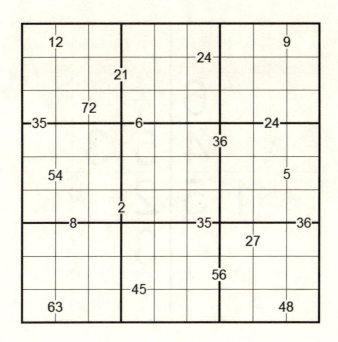

初赛第三轮赛题

（限时 50 分钟　总分 160 分）

第一题　六宫不等号数独：在空格内填入数字 1~6，使得每行、每列和每个宫内数字不重复。不等号表示相邻两格内数字的大小关系。（6 分）

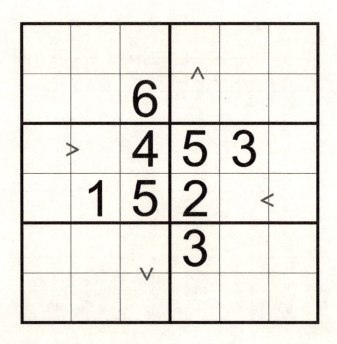

第二题　六宫杀手数独：在空格内填入数字 1~6，使得每行、每列、每个宫内数字不重复。虚线框内的提示数字表示虚线框内数字之和，虚线框内数字不重复。（12 分）

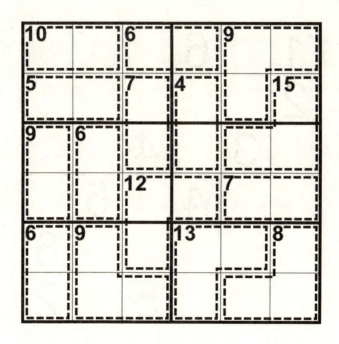

第三题 六宫连通不规则数独：在空格内填入数字 1~6，使得每行、每列和每个不规则形粗线宫内数字不重复，盘边格子没有粗线的位置左右连通或上下连通。（12 分）

第四题　六宫同位数独：在空格内填入数字 1~6，使得每行、每列、每个宫内数字不重复，六个宫中相同位置六组格内也都填入 1~6。（12 分）

	2		3		
		5			
	4				3
6				4	
			4		
		4		2	

第五题 VX 数独：在空格内填入数字 1~9，使得每行、每列、每个宫内数字不重复，相邻两格间标 V 的两数之和为 5，相邻两格间标 X 的两数之和为 10，相邻两格间没有 V 和 X 的两数之和不能为 5 和 10。（20 分）

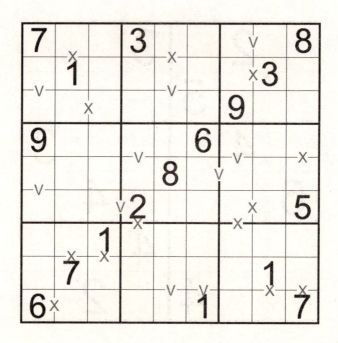

第六题　金字塔数独：在空格内填入数字 1~9，使得每行、每列、每个宫及四个灰色区域内数字不重复。（16 分）

	3	6	9		7			
	1		8					4
		4	5				9	6
				8		2	3	7
			6	2	1			
9	8	2		7				
4	9				8	7		
1					3		4	
			2		4	8	1	

第七题 窗口数独：在空格内填入数字 1~9，使得每行、每列、每个宫及四个灰色区域内数字不重复。（16 分）

6		9	1	4	7			
	9		7			2		
	8	4	3			6		
						3	7	8
6	3	8						
		6			7	8	3	
		9			1		6	
		1	2	8	6		5	

第八题　箭头数独：在空格内填入数字 1~9，使得每行、每列、每个宫内数字不重复。箭头圆圈内数字表示该箭头穿过所有格内数字之和，所穿过的格内数字可以重复。（20 分）

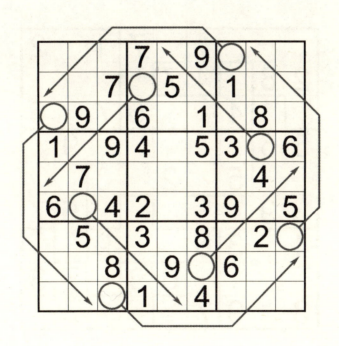

第九题 不规则数独：在空格内填入数字 1~9，使得每行、每列、每个不规则形状宫内数字不重复。（23 分）

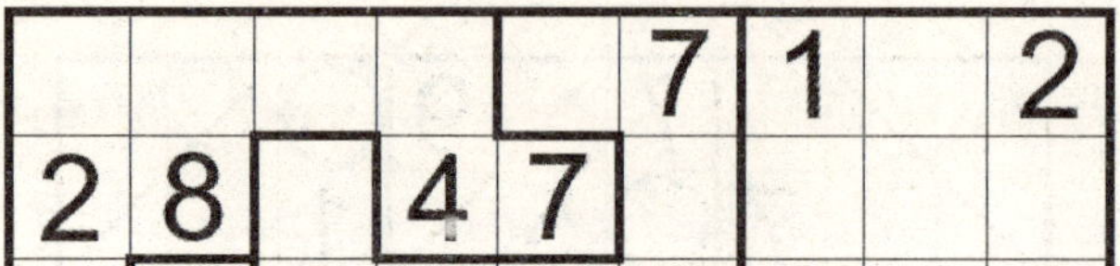

第十题　堡垒数独：在空格内填入数字 1~9，使得每行、每列、每宫都是数字 1~9，灰色格内数字大于相邻白格内的数字。（23 分）

5	3			8	9		7	2
7			2		1	3		6
	2			3				
	4						2	
		2		9		1		
	1						3	
				6			1	
2		3	1		5			4
1	6		3	4			5	7

复赛第一轮赛题

（限时 20 分钟 总分 80 分）

第一题 标准数独：在空格内填入数字 1~9，使得每行、每列、每宫都是数字 1~9。（7 分）

2				1		9		
3	4				9		1	
		7	3	4			6	8
1			9		8			4
8			1		3			7
6	7			5	1	3		
	9		8				2	6
		3		9				5

第二题　标准数独：在空格内填入数字 1~9，使得每行、每列、每宫都是数字 1~9。（9 分）

7								
6			5	3				7
1		3		2	7	4	6	
		5	7				8	
9				4				6
	2				9	5		
	4	6	9	7		8		3
8				6	4			2
								4

第三题　标准数独: 在空格内填入数字 1~9, 使得每行、每列、每宫都是数字 1~9。（8分）

1			9					6
6	3	2	4			7	9	
			2					3
	6							
2	4			6		5		1
						3		
9					3			
	6	3			7	2	8	9
8					2			7

第四题　标准数独: 在空格内填入数字 1~9, 使得每行、每列、每宫都是数字 1~9。（10 分）

4				5		1		9
	2	7		4		3	5	
		8					4	
			5			8		1
	4			3			6	
3		2			6			
	9					2		
	1	3		9		4	7	
2		5		6				3

第五题 标准数独：在空格内填入数字 1~9，使得每行、每列、每宫都是数字 1~9。（10 分）

			8			7		
	4	7	1			5	6	
9								2
6		3	9	4		8		
4				2				1
		5		1	6	9		4
7								6
	6	8			1	4	7	
		1			4			

第六题　标准数独：在空格内填入数字 1~9，使得每行、每列、每宫都是数字 1~9。（11 分）

		9	5				8	
	2	3						
4					9	3		7
				7		8	3	
7			1	5	8			4
	4	8		3				
1		4	3					9
						7	1	
	8				5	6		

第七题 标准数独：在空格内填入数字 1~9，使得每行、每列、每宫都是数字 1~9。（12 分）

8	6			1	9	2		
			7					
4							8	
	7	8	2			4		
			6	4	5			
	9				8	3	6	
	4							9
					7			
		3	4	5			2	7

第八题　标准数独: 在空格内填入数字 1~9, 使得每行、每列、每宫都是数字 1~9。（13 分）

	6		1					3
4								8
7				8	4			
1	7	8		3			6	
	9			5		8	1	7
		8	7					5
6								2
9					5		8	

复赛第二轮赛题

（限时 30 分钟 总分 120 分）

第一题 标准数独：在空格内填入数字 1~9，使得每行、每列、每宫都是数字 1~9。（9 分）

6	3	5			9			
			1	5		4	8	
				7		6		9
	3	5				6		
	5			3			1	
	7				1	3		
3		8		1				
	6	7		8	5			
			3			1	7	8

第二题　标准数独：在空格内填入数字 1~9，使得每行、每列、每宫都是数字 1~9。（15 分）

		8			6		
		3			6			
7	1	6		9		2	4	
8	3		4				9	
	7						5	
	5				7		8	4
	6	5		4		8	7	3
			7			5		
		7			5			

第三题 标准数独：在空格内填入数字 1~9，使得每行、每列、每宫都是数字 1~9。（13 分）

2	1					5		
				6	3			
	3		5					9
9				8		2		
8				2				1
		5		7				8
3					6		9	
			4	3				
		8				1	6	

第四题　标准数独: 在空格内填入数字 1~9，使得每行、每列、每宫都是数字 1~9。（14 分）

			8			5		
		9		5	6			
	2		7				4	6
4						6	1	
5	1						7	3
	7	3						9
7	3				5		6	
			6	1		8		
		6			4			

第五题 标准数独：在空格内填入数字 1~9，使得每行、每列、每宫都是数字 1~9。（21 分）

			8	9		6		
	3			4	5			
		2		3		4		
3	5	8		7				
2								4
			3			7	8	5
	6		7		2			
		9	5				1	
	8		4	9				

第六题　标准数独：在空格内填入数字 1~9，使得每行、每列、每宫都是数字 1~9。（15 分）

	5			2				
4	1	2					7	
	6	3			8		2	
					1	7		4
	7			6			9	
1		9	3					
	9		5			2	1	
	2					4	5	7
				4			8	

第七题 标准数独：在空格内填入数字 1~9，使得每行、每列、每宫都是数字 1~9。（18 分）

			6		3		5	
								4
				9	5	1		7
	3		6				4	
	5		7		9			
	2		8		6			
1		6	9	2				
2								
	9		4		7			

第八题 标准数独：在空格内填入数字 1~9，使得每行、每列、每宫都是数字 1~9。（15 分）

			6		1			7
6				9			8	
	2	4				9		
1		5		9				
			5		7			
			8			6		9
		7				3	4	
	6			7				2
5			2		8			

复赛第三轮赛题

（限时 40 分钟 总分 160 分）

第一题 对角线数独：在空格内填入数字 1~9，使得每行、每列、每个宫和两条对角线内数字都是 1~9。（15 分）

	8	9						
			8	9	5	4		
5							3	
	2			3				
3	9	5				7	8	4
				5			9	
	5							9
		8	1	7	4			
						1	7	

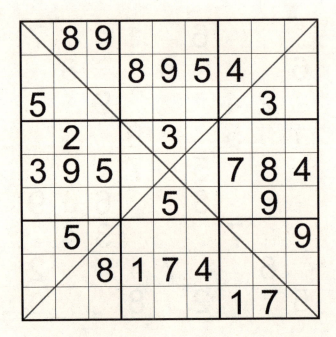

第二题 连续数独：在空格内填入数字1~9，使得每行、每列、每个宫内数字不重复，如果两个相邻格内数字之差为1，则这两格之间会被粗线隔开。如果两格之间没有粗线，则这两格内数字之差一定不为1。（17分）

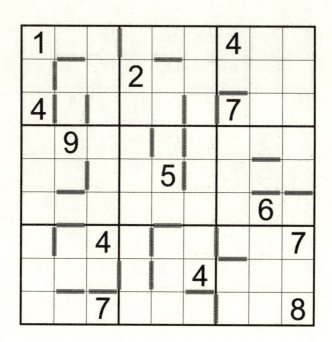

第三题 杀手数独：在空格内填入数字1~9，使得每行、每列、每个宫内数字不重复。虚线框内的提示数字表示虚线框内数字之和，虚线框内数字不重复。（24分）

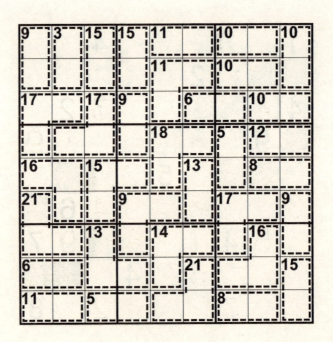

第四题　额外区域数独：在空格内填入数字 1~9，使得每行、每列、每个宫以及每个灰色额外的区域内数字不重复。（21 分）

		7	1					
				8	4			
8	4					5	2	
	7	5	8					9
			3	1	2			
3					9	4	6	
	5	2					9	7
			5	2				
					1	2		

第五题 箭头数独: 在空格内填入数字1~9,使得每行、每列、每个宫内数字不重复。箭头圆圈内数字表示该箭头穿过所有格内数字之和,所穿过的格内数字可以重复。(18分)

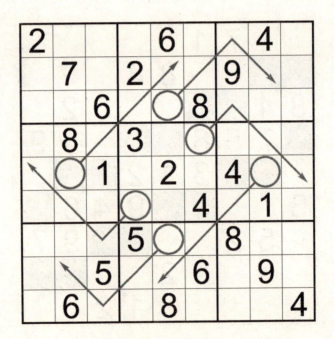

第六题　不等号数独：在空格内填入数字 1~9，使得每行、每列、每个宫内数字不重复。两格间标注的不等号表示这两格内数字的大小关系。（19 分）

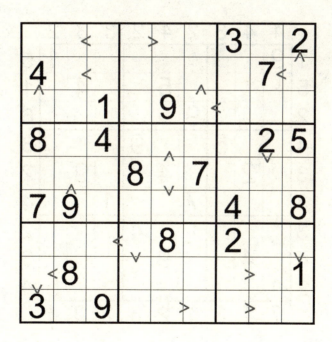

第七题 摩天楼数独：在空格内填入数字 1~9，使得每行、每列、每个宫内数字不重复。盘面外数字表示其对应的行列从这个方向可以看到的数字个数，盘面内数字表示不同层数的楼房，盘面外观看时高层楼房可以挡住低层的楼房。（27 分）

	1	4	3	2	4	2	3	3	2	
1	9								1	5
5					5			4		1
2				9						6
4			5			9				3
3		2			4			9		2
3				7			1			4
3						4				2
4		4			9					3
2	1								5	4
	7	1	3	4	2	3	2	2	4	

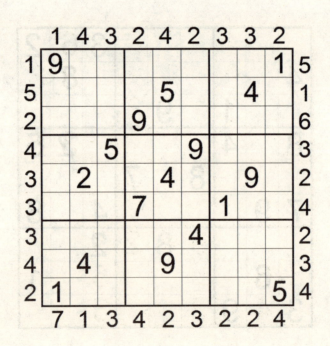

第八题　无缘数独：在空格内填入数字 1~9，使得每行、每列、每个宫内数字不重复。除此之外，相同的数字不可以对角相邻。（19 分）

		4		9		6		
		9					8	3
		3	1	7	8			
7							3	8
			7		3			
4	3							9
			9	4	2	3		
3	6					5		
		4		3		8		

复赛第四轮赛题

（限时 40 分钟 总分 160 分）

第一题 不规则数独：在空格内填入数字 1~9，使得每行、每列和每个不规则的宫内数字都是 1~9。（22 分）

				8	9		2	4
	8		2					
	6					1		7
1			4			9		
		4		3		8		
		1			8			5
7		2					8	
					7		4	
8	3		7	4				

第二题　奇数数独：在空格内填入数字 1~9，使得每行、每列和每个宫内数字不重复。灰色格子内必须填奇数。（16 分）

第三题 无马数独: 在空格内填入数字 1~9, 使得每行、每列、每个宫内数字不重复。彼此形成国际象棋中马步结构的两格内不能填入相同的数字。（24分）

	8		9				4	
2		7						
			5				7	
7								6
			7	3	6			
4								3
	7				9			
						1		9
	1				4		2	

第四题　斜线数独：在空格内填入数字 1~9，使得每行、每列、每宫都是数字 1~9，每条灰色斜线上不能出现相同的数字。（21 分）

	2	1						8
			2	1				
						1		2
7			6		9			
	6	2				9	3	
			7		3			5
8		6						
				3	6			
4						7	1	

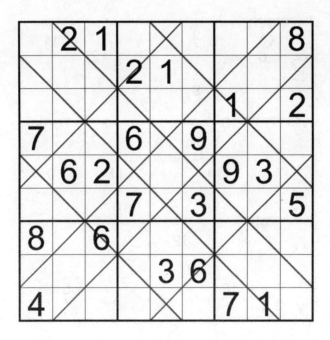

第五题 加法数独：在空格内填入数字 1~9，使得每行、每列、每宫都是数字 1~9，相邻两格间的提示数表示这两格内数字之和。（20 分）

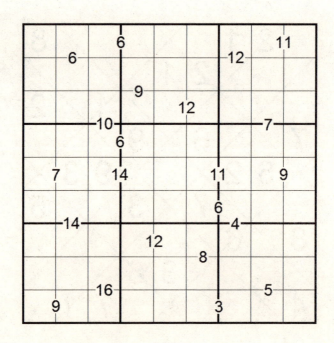

第六题　窗口数独: 在空格内填入数字 1~9, 使得每行、每列、每宫和每个灰色区域内都是数字 1~9。（19 分）

第七题 堡垒数独：在空格内填入数字1~9，使得每行、每列、每宫都是数字1~9，灰色格内数字大于相邻白格内的数字。（20分）

第八题 不连续数独：在空格内填入数字 1~9，使得每行、每列及每宫都是数字 1~9，相邻两格内数字之差不能为 1。（18 分）

7		3			9			
						9		1
	1			2				
							7	
			2		3			
	6							
				3			8	
9		1						
			1			7		4

决赛赛题

（限时 110 分钟 总分 540 分）

第一题 标准数独：在空格内填入数字 1~9，使得每行、每列和每个宫都是数字 1~9。（10 分）

			3					
		6				5		
	2	8			1		7	
3				7		9		
			2		6			
		9		3				8
	1		7			6	5	
		4				3		
					4			

第二题 标准数独：在空格内填入数字 1~9，使得每行、每列和每个宫都是数字 1~9。（18 分）

	5		8		9		7	
3		1		6		8		2
8		2				5		1
			7		1			
1		3				9		7
9		4		7		6		8
	3		9		8		4	

第三题　标准数独：在空格内填入数字 1~9，使得每行、每列和每个宫都是数字 1~9。（15 分）

6		3	1		2	9		4
	8			6			3	
4								3
	5			8			9	
1								7
	6			1			2	
9		4	8		3	1		6

第四题　标准数独：在空格内填入数字 1~9，使得每行、每列和每个宫都是数字 1~9。（28 分）

			5		3			
		7		8			2	
	5		9			1		
4		9						6
	1						8	
5						9		4
		1			6		7	
	7			1		5		
			8		4			

第五题 杀手数独：在空格内填入数字 1~9，使得每行、每列、每个宫内数字不重复。虚线框内的提示数字表示虚线框内数字之和，虚线框内数字不重复。（24 分）

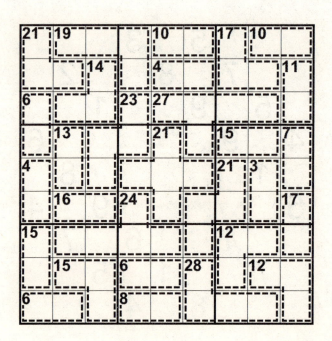

第六题　比例数独：在空格内填入数字 1~9，使得每行、每列、每宫都是数字 1~9。盘面中的分数提示数表示相邻两格内数字相除约分后的得数。（22 分）

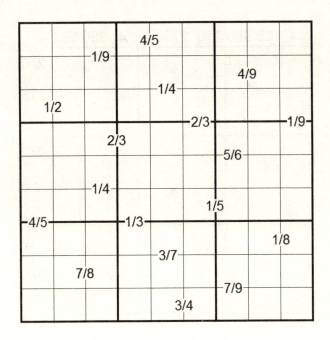

第七题 星积数独：在空格内填入数字 1~9，使得每行、每列、每宫内数字均不重复。盘面上方的提示数字表示对应的列内所有星星所在格内数字的乘积，盘面右边的提示数字表示对应的行内所有星星所在格内数字的乘积。（24 分）

14	105	360	210	27	14	4	960	180	
	*			*	*		*		270
*			*			*		*	216
		*					*		40
	*		*		*				35
		*		*				*	96
*						*			7
	*		*				*		20
		*	*		*			*	630
	*						*		42

第八题　小杀手数独：在空格内填入数字 1~9，使得每行、每列、每宫都是数字 1~9。盘面外箭头与提示数表示沿箭头方向的一组斜向格内所有数字之和，同一箭头方向上格内数字可以重复。（21 分）

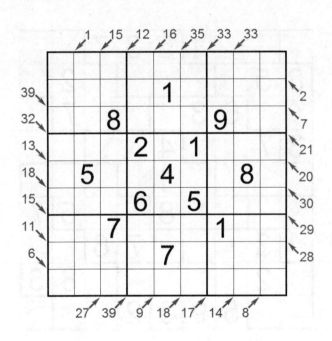

第九题 联通不规则数独：在空格内填入数字 1~9，使得每行、每列、每个粗线围成的宫都是数字 1~9。盘面边上位置格子位置是细线的，则该位置左右连通或上下连通。（23 分）

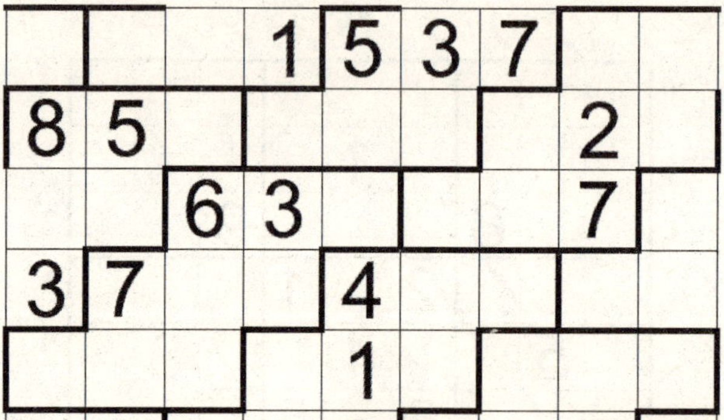

第十题　半格不规则数独：在空格内填入数字 1~9，使得每行、每列、每个粗线围成的宫都是数字 1~9。被斜线划分成两部分的方格内也只填入 1 个数字，该数字可能填在斜线上半部分也可能填在斜线下半部分。（35 分）

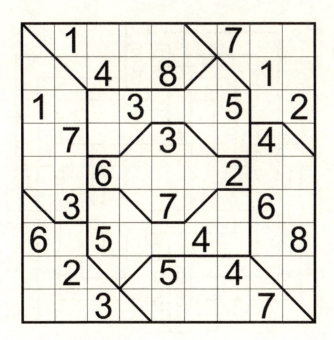

第十一题 管道数独：在空格内填入数字 1~9，使得每个粗线宫和每条灰线穿过的 9 格内数字均不重复。（18 分）

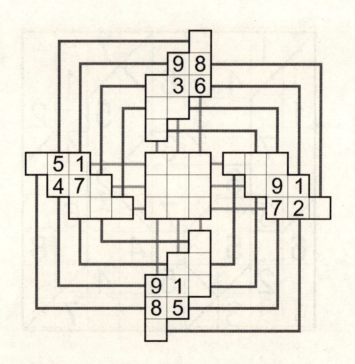

第十二题 不规则数独：在空格内填入数字 1~9，使得每行、每列和每个不规则的宫内数字都是 1~9。（20 分）

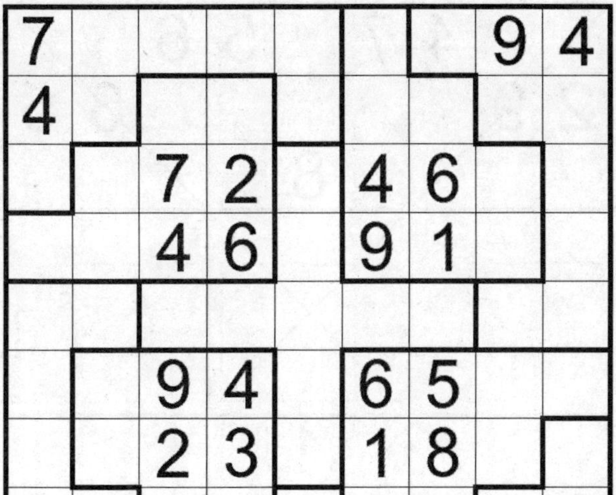

第十三题 对角线数独：在空格内填入数字 1~9，使得每行、每列、每宫和两条对角线内数字都是 1~9。（22 分）

		4	7		5	6		
2	9						3	5
				8				
				1				
3	8						1	2
		2	9		6	5		

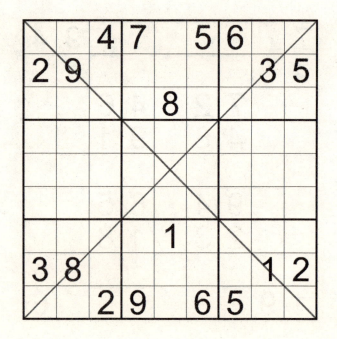

第十四题　反对角线数独：在空格内填入数字 1~9，使得每行、每列、每宫都是数字 1~9。每条对角线穿过三个宫中的三个数字都为相同的一组数字。（16 分）

			8		2		1	
					9	5		2
					7		4	
1						3	2	7
6	7	5						8
	2		9					
5		7	1					
	1		2		5			

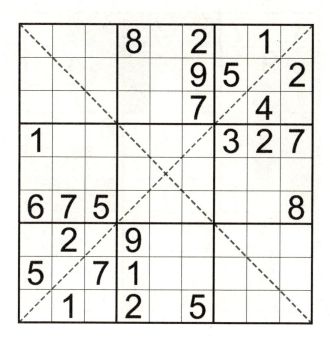

第十五题　金字塔数独：在空格内填入数字 1~9，使得每行、每列、每宫和每个灰色区域内都是数字 1~9。（20 分）

第十六题　额外区域数独：在空格内填入数字 1~9，使得每行、每列、每个宫以及每个灰色额外的区域内数字不重复。（23 分）

第十七题 连续数独：在空格内填入数字 1~9，使得每行、每列、每个宫内数字不重复，如果两个相邻的单元格内数字之差为 1，则这两个单元格之间会被粗线隔开。如果两个单元格之间没有粗线，则这两个单元格内数字之差一定不为 1。（23 分）

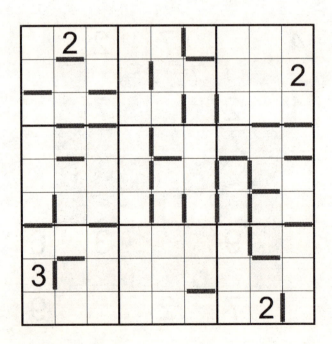

第十八题　黑白点数独：在空格内填入数字 1~9，使得每行、每列、每宫都是数字 1~9，盘面中黑点表示相邻两格内数字为 2 倍关系，白点表示相邻两格内数字之差为 1，没有点的相邻两格内数字不存在上述两种关系。（24 分）

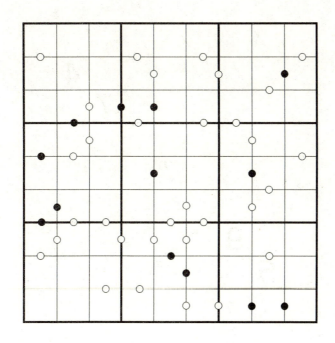

第十九题 VX 数独：在空格内填入数字 1~9，使得每行、每列、每个宫内数字不重复，相邻两格间标 V 的两数之和为 5，相邻两格间标 X 的两数之和为 10，相邻两格间没有 V 和 X 的两数之和不能为 5 和 10。（20 分）

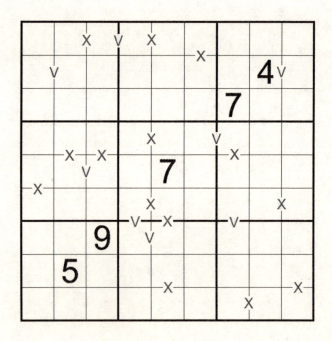

第二十题　奇偶扫雷数独：在空格内填入数字 1~9，使得每行、每列、每个宫内数字不重复。如果圆圈内是奇数，则表示它周围一圈格内有几个奇数；如果圆圈内是偶数，则表示它周围一圈格内有几个偶数。盘面内所有满足上述条件的格子都标出了圆圈。（31 分）

○				7	○		1	○
	8		1		○			7
		1						
					○	9		
	3			4			5	
○		2	○			○		
			○			5	○	
8		○	○		1		7	
○	5			9				

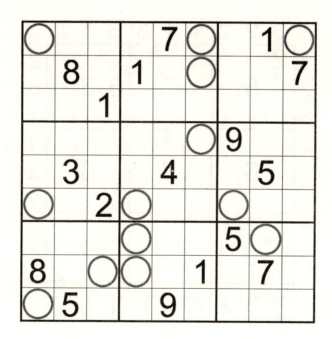

第二十一题 摩天楼数独：在空格内填入数字 1~9，使得每行、每列和每宫内数字都是 1~9，盘面外数字表示从该方向观测可以看到的楼房个数，盘面内的数字表示不同高度的楼房，大数字可以挡住后面的小数字。（26 分）

	3	2	2	1	4	3	5	4	2	
3	2									2
2		5			7		6	3		5
3								1		1
2										4
2		6			2			8		3
4										2
3		1								3
1		2	4		3			7		4
3									4	3
	2	2	4	6	3	3	1	3	4	

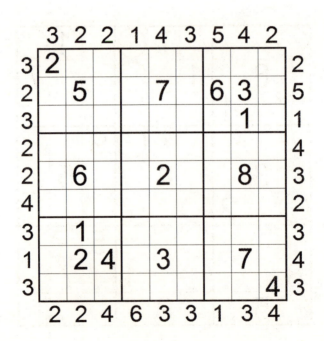

第二十二题　属性数独：在空格内填入数字 1~8，使得每行、每列、每个宫内都是数字 1~8。外提示的奇、偶、大、小表示最近的两个单元格内数字的属性。奇：1、3、5、7；偶：2、4、6、8；大：5、6、7、8；小：1、2、3、4。（22 分）

				大	奇				
偶									大
	1						4		
偶		2				8			
			3						偶
奇						4			
			7				5		奇
		5						6	
奇									小
				大	偶				

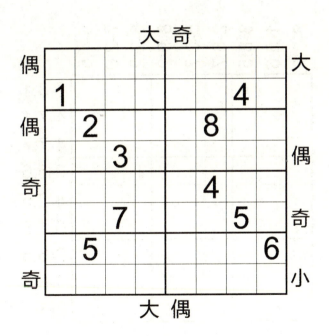

第二十三题 距离数独：在空格内填入数字 1~9，使得每行、每列、每个宫内数字不重复。盘面外数值表示对应的行列内某两个数字的顺序及之间的距离。例如第一行右面的 "7-8:1" 表示这行内数字 7 在数字 8 的左边，且两数间距离是 1 也就是相邻的关系。（34 分）

6-3:2	1-5:6	3-8:5	2-6:7	5-3:7	8-9:2	6-2:2	7-2:6	5-4:5	
									7-8:1
									4-7:1
									4-7:7
									9-5:6
									4-2:5
									5-1:6
									6-5:5
									4-8:5
									3-1:7

第二十四题　外提示数独：在空格内填入数字 1~9，使得每行、每列、每个宫内数字不重复。盘面外标注的数字表示该行或列内最近的三格里所含的数字。（21 分）

	4	25	7	89	145	23	6	12	5	
4										7
35										29
9										1
14										58
269										134
35										27
1										3
46										59
8										6
	9	34	1	37	289	15	2	58	6	

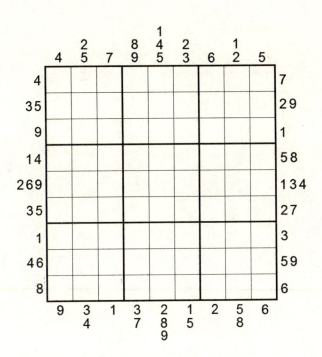

第3章

2015 年选拔赛赛题

初赛第一轮赛题

（限时 50 分钟 总分 200 分）

第一题 标准数独: 在空格内填入数字 1~9, 使得每行、每列、每宫都是数字 1~9。（16 分）

1		9			6		7	
2		8					3	
			3	1	2		5	
6		2				7		8
	8		6		1		2	
5		3				9		1
	4		9	3	7			
	2					4		7
	9		4			6		3

第二题　标准数独: 在空格内填入数字 1~9, 使得每行、每列、每宫都是数字 1~9。（16 分）

	5		1			8	3	
7	8		3		5			
	6			4		5		9
				9	3			4
5		6				1		2
4			6	1				
6		5		3			8	
			2		1		7	5
	2	8			6		4	

第三题 标准数独: 在空格内填入数字 1~9, 使得每行、每列、每宫都是数字 1~9。（16分）

			2	5	1		3	
2							1	8
9		1		3		6		
		7	9			2		3
			1		8			
5		6			7	8		
	9			8		3		5
6	7							4
	8		4	9	2			

第四题　标准数独：在空格内填入数字 1~9，使得每行、每列、每宫都是数字 1~9。（18 分）

5		3				4	6	
4			3	5				
		6		4		5		
	3			2			4	5
9			1		5			2
2	5		4				3	
		7		8		3		
				6	3			7
	8	5				2		6

第五题　标准数独：在空格内填入数字 1~9，使得每行、每列、每宫都是数字 1~9。（18 分）

9	2				7			
				5	2	9		
5		3				6		
	6		4					3
	8	1		9	2			
4				5		6		
	5					7		1
	1	5	8					
				1			2	4

第六题　标准数独: 在空格内填入数字 1~9, 使得每行、每列、每宫都是数字 1~9。（22 分）

			2	3	4			
3						6	5	
7		4				3		
	7		9				8	6
			4		7			
2	5				3		4	
		5				8		1
	9	2						5
			8	2	5			

第七题 标准数独: 在空格内填入数字 1~9, 使得每行、每列、每宫都是数字 1~9。（22 分）

6						8	5	
	5		1		8			
8			3					4
				5		2		7
			9	7	1			
9		4		3				
3				2				6
			4		3		8	
	9	8					3	

第八题　标准数独: 在空格内填入数字 1~9, 使得每行、每列、每宫都是数字 1~9。（22 分）

1		8			5			
						4	1	
4					3		7	
				7		3		1
	3			8			9	
6		7		2				
	2		4					5
	9	3						
			6			2		9

第九题　标准数独：在空格内填入数字 1~9，使得每行、每列、每宫都是数字 1~9。（24 分）

		5				1	3	
	1			5	3			
		9					4	
4			8					1
2			7		1			4
1					2			9
	6					4		
			1	6			8	
	4	3				5		

第十题 标准数独：在空格内填入数字1~9，使得每行、每列、每宫都是数字1~9。（26分）

		5	9					
			6		7			4
6		7					2	
			7	3				8
7		1				5		6
5				6	1			
	6					1		5
4			2		6			
				4	2			

初赛第二轮赛题

（限时 50 分钟 总分 160 分）

第一题 六宫对角线数独：在空格内填入数字 1~6，使得每行、每列、每宫和两条对角线内数字都是 1~6。（7 分）

	4				
1			3		
	5				
				1	
		6			4
				6	

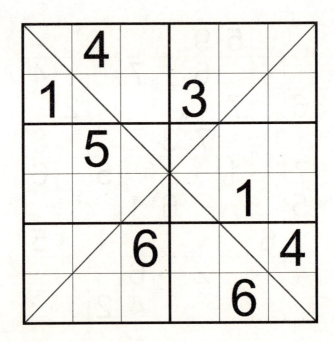

第二题　六宫无缘数独：在空格内填入数字 1~6，使得每行、每列和每宫内数字都是 1~6，相同的数字不能对角相邻。（7 分）

5		6			
					4
2					
					2
6					
			1		6

第三题 六宫摩天楼数独：在空格内填入数字 1~6，使得每行、每列和每宫内数字都是 1~6，盘面外数字表示从该方向观测可以看到的楼房个数，盘面内的数字表示不同高度的楼房，楼层高的大数会挡住其后面小数的观测视线。（12 分）

	2	4	2	1	4	3	
2							2
3				5			4
1					4		4
3		1					2
2			1				3
3							1
	2	2	2	4	3	1	

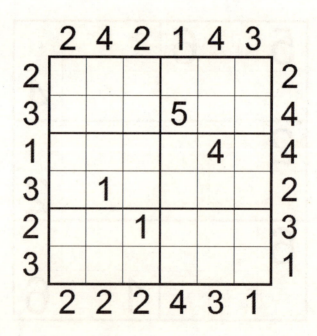

第四题　六宫小杀手数独：在空格内填入数字 1~6，使得每行、每列和每宫内数字都是 1~6，盘面外提示数表示其箭头方向所指斜方向内所有格内数字之和。（14 分）

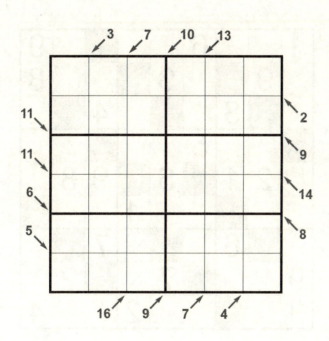

第五题　奇数数独：在空格内填入数字 1~9，使得每行、每列和每个宫内数字不重复，灰色格子内只能填入奇数。（18 分）

1			6					9
	9			3				8
		8				4		
			5					
	2	1		6		9	8	
					1			
		6				7		
9				7			2	
3					2			4

第六题 额外区域数独：在空格内填入数字1~9，使得每行、每列、每个宫以及每个灰色额外的区域内数字不重复。（20分）

第七题 无马数独: 在空格内填入数字 1~9, 使得每行、每列、每个宫内数字不重复。任意形成国际象棋中的马步关系（二拐一）的两格内不能填入相同的数字。（18 分）

	9		5				3	
1		5				8		7
			1		8		9	
2		9		1		7		
			9		6			
		1		8		9		3
	6		8		1			
5		2				1		9
	1				9		6	

第八题　连续数独: 在空格内填入数字 1~9, 使得每行、每列、每个宫内数字不重复, 相邻两格内数字之差为 1 的两格间标出粗线; 相邻两格间没有粗线的则两数字之差不能为 1。（20 分）

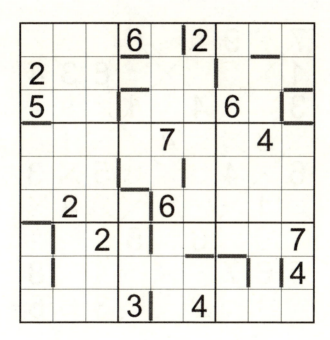

第九题 斜线数独：在空格内填入数字 1~9，使得每行、每列、每个宫内数字不重复，同一条斜线内不能填入相同的数字。（20 分）

7		9			6			
1						8	3	4
3			4		1			
	8			4			1	
6		4				5		3
	1			6			4	
			6		5			1
5	6	7						8
			2			3		6

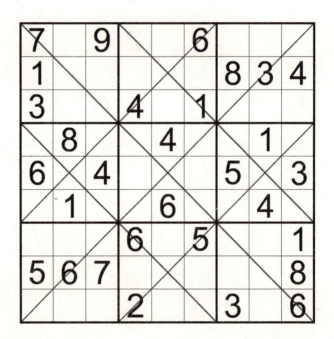

第十题　乘积数独：在空格内填入数字 1~9，使得每行、每列和每个宫内数字不重复。相邻两格之间所标的提示数表示这两格内数字的乘积。（24 分）

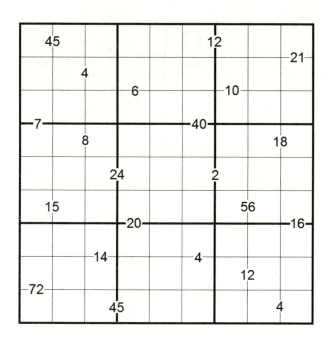

初赛第三轮赛题

（限时 50 分钟　总分 160 分）

第一题　六宫不等号数独：在空格内填入数字 1~6，使得每行、每列和每个宫内数字不重复。不等号表示相邻两格内数字的大小关系。（9 分）

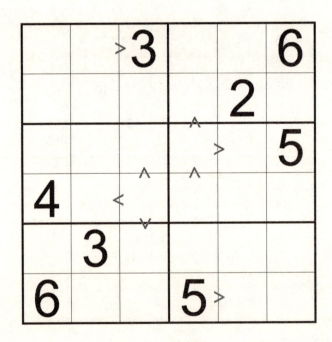

第二题　六宫杀手数独：在空格内填入数字 1~6，使得每行、每列、每个宫内数字不重复。虚线框内的提示数字表示虚线框内数字之和，虚线框内数字不重复。（9 分）

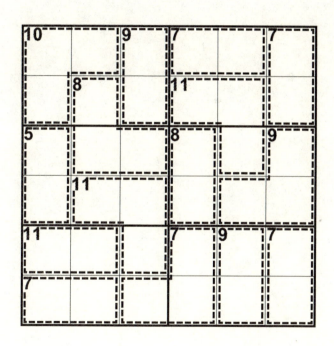

第三题　六宫黑白点数独：在空格内填入数字 1~6，使得每行、每列和每个不规则形粗线宫内数字不重复，黑点两侧格内数字为 2 倍关系，白点两侧格内数字之差为 1，没有黑点和白点的相邻两格内数字既不能是 2 倍关系，相差也不能为 1。（12 分）

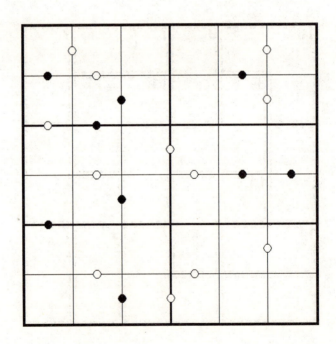

第四题　六宫同位数独：在空格内填入数字 1~6，使得每行、每列、每个宫内数字不重复，六个宫中相同位置六组格内也都填入 1~6。（9 分）

					1
		5		6	
					4
1					
	2		3		
5					

第五题 VX 数独：在空格内填入数字 1~9，使得每行、每列、每个宫内数字不重复，相邻两格间标 V 的两数之和为 5，相邻两格间标 X 的两数之和为 10，相邻两格间没有 V 和 X 的两数之和不能为 5 和 10。（18 分）

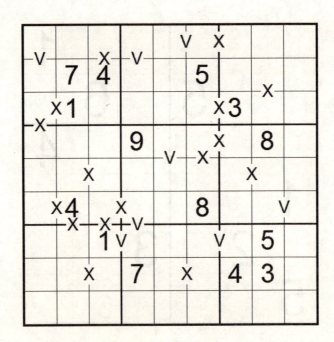

第六题　金字塔数独：在空格内填入数字 1~9，使得每行、每列、每个宫及四个灰色区域内数字不重复。（18 分）

		2			6			5
	1		7		9			
		5				9		3
8	2			6			7	
			8	2	7			
	6			1			2	8
2		6				8		
			6		5		3	
7			2			6		

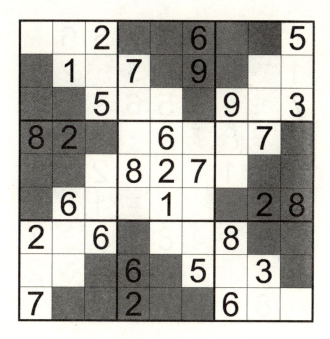

第七题　窗口数独：在空格内填入数字 1~9，使得每行、每列、每个宫及四个灰色区域内数字不重复。（16 分）

				2	7	5	6	
1		5					2	
7				5	6		9	
2		8	7					
		1				2		
					2	1		4
	1		4	8				7
	5					8		2
	8	6	2	7				

第八题　箭头数独: 在空格内填入数字 1~9, 使得每行、每列、每个宫内数字不重复。箭头圆圈内数字表示该箭头穿过所有格内数字之和, 所穿过的格内数字可以重复。（22 分）

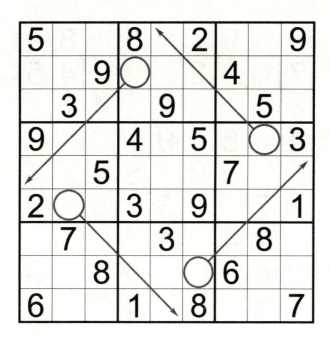

第九题 不规则数独：在空格内填入数字 1~9，使得每行、每列、每个不规则形状宫内数字不重复。（24 分）

		9	7		5		8	
7			2				4	5
				2		4	7	
4		6		9			1	
		5	9		8	6		
	7			3		5		2
	2	4		1				
9	4				6			3
	5		3		4	7		

第十题　外提示数独：将数字 1~9 填入空格内，使得每行、每列及每个粗线宫内数字不重复，盘面外提示数表示其对应方向边缘三格内的数字，三格内数字的顺序不受外提示数的限制。（23分）

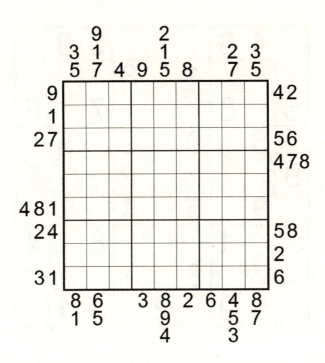

复赛第一轮赛题

（限时 20 分钟　总分 80 分）

第一题　标准数独: 在空格内填入数字 1~9, 使得每行、每列、每宫都是数字 1~9。（7 分）

	4	3		7		5	9	
				1		3		
5		8				7		6
	6		9		2		5	
9								2
	8		5		4		7	
3		1				8		4
			3		1			
	5	9		2		3	1	

第二题　标准数独: 在空格内填入数字 1~9, 使得每行、每列、每宫都是数字 1~9。（8 分）

	1		7	6	9		3	
4			2		5			1
				4				
2	4						7	8
3		8				2		5
5	7						4	9
				1				
1			6		3			4
	3		5	2	4		8	

第三题 标准数独: 在空格内填入数字 1~9, 使得每行、每列、每宫都是数字 1~9。（9分）

	7		3		9		1	
	9			5			8	
8								3
3				2				7
		6				8		
9				3				4
4								1
	1			7			6	
	3		8		2		9	

第四题　标准数独: 在空格内填入数字 1~9, 使得每行、每列、每宫都是数字 1~9。（10 分）

	1			4			6	
9								5
	6		3	8	1		4	
		4				5		
			6		5			
		8				3		
	8		7	9	2		5	
7								9
	5			3			2	

第五题　标准数独：在空格内填入数字 1~9，使得每行、每列、每宫都是数字 1~9。（10 分）

	5	6		7			9	1
		7				8		
			6		3			
7			8		6			4
9			5		7			2
6			1		2			5
			3		1			
		8				2		
	7	3		8		6	4	

第六题　标准数独: 在空格内填入数字 1~9, 使得每行、每列、每宫都是数字 1~9。（10 分）

9		6			5		3	
				9		5		1
5		8		2				
					4		6	3
			2		9			
4	6		1					
				3		8		5
7		5		1				
	2		5			4		6

第七题 标准数独: 在空格内填入数字 1~9, 使得每行、每列、每宫都是数字 1~9。（12 分）

	1			4		8		
8				6				
	3			9		7		4
7			4		8			
	3	8				4	1	
			1		9			8
6		5		8		3		
				1				7
	8		7			6		

第八题 标准数独：在空格内填入数字 1~9，使得每行、每列、每宫都是数字 1~9。（14 分）

	5		6		4		9	
6						7		2
	1		8					
3				4		5		1
			1		3			
4		1		5				7
					5		7	
2		7						5
	8		9		7		3	

复赛第二轮赛题

（限时 30 分钟 总分 120 分）

第一题　标准数独：在空格内填入数字 1~9，使得每行、每列、每宫都是数字 1~9。（10 分）

4	9							
2		3				4		
			7		5			
		9		1		8	4	
			3		8			
	7	2		6		5		
			2		7			
		4				6		2
							8	5

第二题　标准数独: 在空格内填入数字 1~9, 使得每行、每列、每宫都是数字 1~9。（12 分）

	4			9	6		3	
7		2			5			4
	9				4	1		
						3	6	5
4								1
1	3	8						
		9	4				1	
6			5			2		3
	8		2	7		4		

第三题 标准数独: 在空格内填入数字 1~9, 使得每行、每列、每宫都是数字 1~9。（14 分）

	4	9			1			
	7					3	4	9
	8				9			1
6		2		1				
			8		5			
				9		2		3
3			1				7	
4	6	7					1	
			2			6	3	

第四题　标准数独：在空格内填入数字 1~9，使得每行、每列、每宫都是数字 1~9。（14 分）

			4	5	8			
		1				9		
	8		1		7		4	
2		3				1		9
			3	6	2			
5		4				8		2
	3		6		5		9	
		6				4		
			8	1	3			

第五题 标准数独：在空格内填入数字 1~9，使得每行、每列、每宫都是数字 1~9。（15 分）

		9	5			4		1
		2	7					
1							3	5
				9		5	8	
	4			7			1	
	1	3		6				
6	9							2
					2	3		
2		7			6	1		

第六题　标准数独: 在空格内填入数字 1~9, 使得每行、每列、每宫都是数字 1~9。（17 分）

7			9				4	
6						7	5	
3			7	8				
					6		8	7
	4						1	
2	7		3					
				4	9			5
	2	5						4
	3				7			2

第七题 标准数独: 在空格内填入数字1~9,使得每行、每列、每宫都是数字 1~9。（18 分）

	1			6			7	
3		5	1	7				6
			5				3	
				8		4	6	
8	5		9		6		1	3
	3	6		5				
	6				7			
5				3	9	6		7
	2			4			9	

第八题　标准数独: 在空格内填入数字 1~9, 使得每行、每列、每宫都是数字 1~9。（20 分）

		1		6		4		
	3						5	
4			7		5			9
		5		4		7		
3			5		2			1
		7		9		8		
1			2		4			7
	4						9	
		3		8		5		

复赛第三轮赛题

（限时 40 分钟 总分 160 分）

第一题 对角线数独：在空格内填入数字 1~9，使得每行、每列、每个宫和两条对角线内数字都是 1~9。（21 分）

			1				9	
8		3						1
			2		8			
				1				
	6						3	
				7				
			6		4			
5						8		3
	2				7			

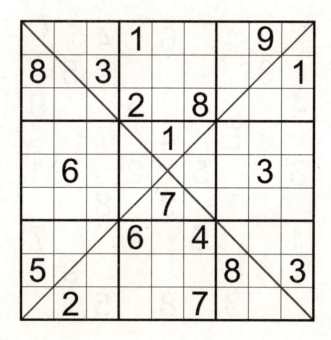

第二题　奇数数独：在空格内填入数字 1~9，使得每行、每列和每个宫内数字不重复。灰色格子内必须填奇数。（25 分）

第三题 杀手数独: 在空格内填入数字1~9,使得每行、每列、每个宫内数字不重复。虚线框内的提示数字表示虚线框内数字之和,虚线框内数字不重复。（23分）

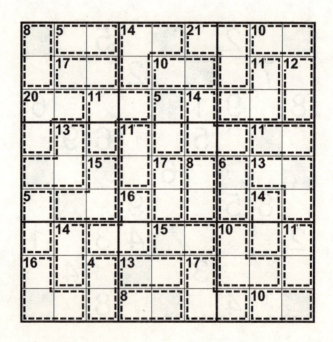

第四题　额外区域数独：在空格内填入数字 1~9，使得每行、每列、每个宫以及每个灰色额外的区域内数字不重复。（16 分）

			2	1		6		
		3	7					
	1		5					7
9	8	6						
4				8				1
						9	8	6
1					4		7	
					2	3		
		2		5	7			

第五题　箭头数独: 在空格内填入数字 1~9, 使得每行、每列、每个宫内数字不重复。箭头圆圈内数字表示该箭头穿过所有格内数字之和, 所穿过的格内数字可以重复。（22 分）

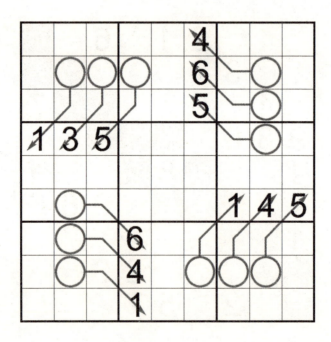

第六题　不等号数独：在空格内填入数字 1~9，使得每行、每列、每个宫内数字不重复。两格间标注的不等号表示这两格内数字的大小关系。（16 分）

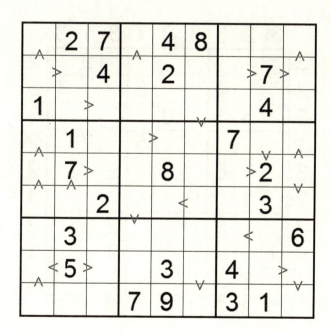

第七题 摩天楼数独：在空格内填入数字 1~9，使得每行、每列、每个宫内数字不重复。盘面外数字表示其对应的行列从这个方向可以看到的数字个数，盘面内数字表示不同层数的楼房，盘面外观看时高层楼房可以挡住低层的楼房。（21 分）

	3	2	3	3	3	7	3	1	3	
3							9			2
2			4			3			1	5
3		5	1		9		3			3
1						5		7		2
3			8				9			2
2		1		9						4
2			9		1		2	3		3
4	1			4			8			1
4		2								2
	3	3	2	4	2	1	3	5	2	

第八题　八字连通不规则数独：将数字 1~8 填入空格内，使每行、每列及每个不规则形粗线宫（含联通的宫）内数字不重复。连通的宫指盘面边缘细线的位置，左边缘与右边缘的细线位置为连通的宫，上边缘和下边缘的细线位置为连通的宫。（16 分）

复赛第四轮赛题

（限时 40 分钟 总分 160 分）

第一题 不规则数独：在空格内填入数字 1~9，使得每行、每列和每个不规则的宫内数字都是 1~9。（26 分）

	6					4		
2				8				6
		7		4				
		2		5		1		
	7		2		9		5	
		8		9		7		
			4		2			
9				4				1
	2						9	

第二题   连续数独: 在空格内填入数字1~9, 使得每行、每列、每个宫内数字不重复, 如果相邻两格格内数字之差为1, 则这两格之间会被粗线隔开。如果两格之间没有粗线, 则这两格内数字之差一定不为1。（16分）

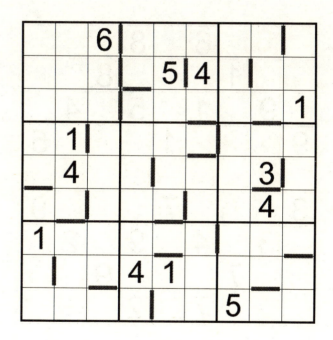

第三题 无马数独：在空格内填入数字1~9，使得每行、每列、每个宫内数字不重复。彼此形成国际象棋中马步结构的两格内不能填入相同的数字。（16 分）

			6		8			
		1				8		
	9		1		5		4	
9				1				5
3				7				9
	3		4		9		2	
		7				9		
			7		2			

第四题　小杀手数独：在空格内填入数字 1~9，使得每行、每列和每个宫内数字不重复。盘面外数字表示其箭头所指斜方向上所有数字之和，同一箭头所指格中可以出现重复的数字。（22分）

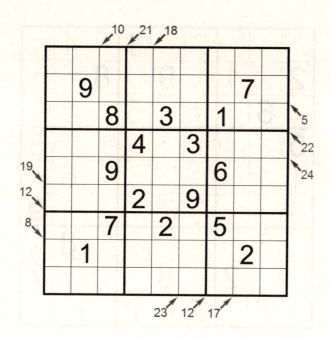

第五题 加法数独：在空格内填入数字 1~9，使得每行、每列、每宫都是数字 1~9，相邻两格间的提示数表示这两格内数字之和。（15 分）

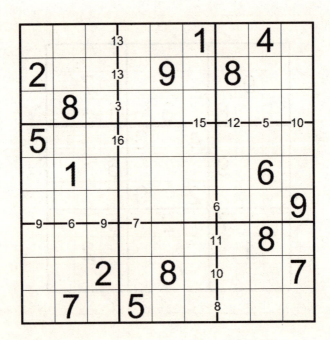

第六题　窗口数独: 在空格内填入数字 1~9, 使得每行、每列、每宫和每个灰色区域内都是数字 1~9。（19 分）

8				4			
	9				1		
		2			3		
6							7
		4		8			
7							3
3				7			
2					8		
			9				1

第七题 堡垒数独: 在空格内填入数字 1~9, 使得每行、每列、每宫都是数字 1~9, 灰色格内数字大于相邻白格内的数字。(21 分)

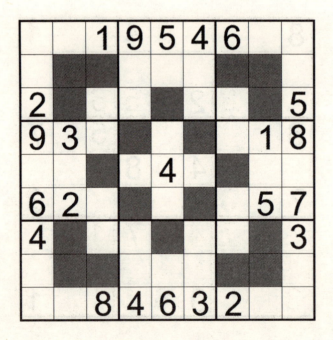

第八题　回文数独：在空格内填入数字 1~9，使得每行、每列和每个宫内数字不重复。灰色折线表示其穿过的格内为首尾依次对应相同的数串。（25 分）

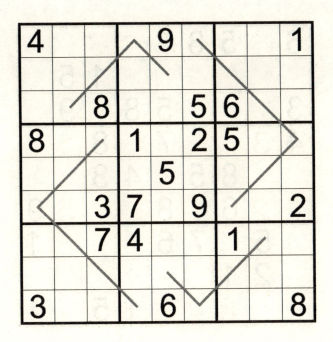

决赛赛题

（限时 90 分钟 总分 540 分）

第一题 标准数独：在空格内填入数字 1~9，使得每行、每列和每个宫都是数字 1~9。（10 分）

6		5	3					
						1	5	
3				5	8		9	
4			7		8			
		8	5		4	3		
		6		8				9
	5		7	6				1
	2	1						
					1	5		4

第二题　标准数独：在空格内填入数字 1~9，使得每行、每列和每个宫都是数字 1~9。（16 分）

						5	9	7
	7			3	8			
	5		7					
				5				2
2		6				3		8
3				6				
					3		2	
			4	9			1	
5	6	9						

第三题 标准数独：在空格内填入数字 1~9，使得每行、每列和每个宫都是数字 1~9。（28 分）

		5				2		
			1	9	5			
6					4			7
	4	7					1	
	1			6			2	
	5					3	8	
5			6					8
			8	2	9			
		3				1		

第四题　标准数独：在空格内填入数字 1~9，使得每行、每列和每个宫都是数字 1~9。（40 分）

		2	3				9	
			2	7				3
8		3	4					
2	6	1						
	4			3			2	
						6	1	9
					3	9		8
6				4	9			
	7				2	5		

第五题 杀手数独: 在空格内填入数字1~9, 使得每行、每列、每个宫内数字不重复。虚线框内的提示数字表示虚线框内数字之和, 虚线框内数字不重复。（27分）

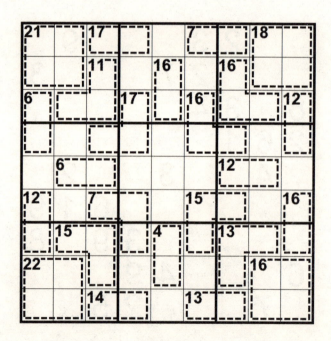

第六题　比例数独：在空格内填入数字 1~9，使得每行、每列、每宫都是数字 1~9。盘面中的分数提示数表示相邻两格内数字相除约分后的得数。（25 分）

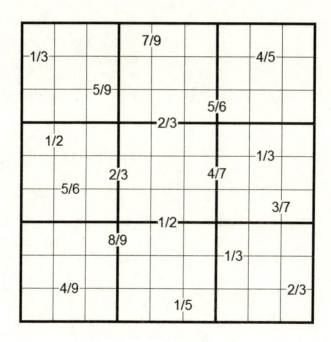

第七题　四则数独：在空格内填入数字 1~9，使得每行、每列和每宫内数字均不重复，盘面内的提示数表示其两侧格内数字经过加、减、乘、除这四种运算后的得数，每个宫内的四个提示数分别对应一种运算。（48 分）

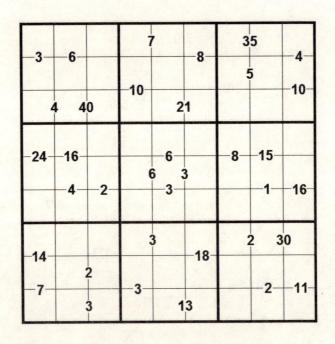

第八题　乘积数独：在空格内填入数字 1~9，使得每行、每列和每宫内数字均不重复，盘面中的提示数表示其两侧格内数字的乘积。（19 分）

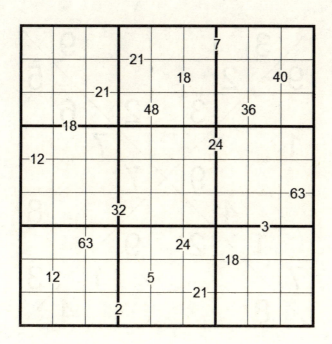

第九题 对角线数独：在空格内填入数字 1~9，使得每行、每列、每宫和两条对角线内数字均不重复。（17 分）

	3						9	
9		2						5
			3		2		6	
1						7		
			9		7			
		4						8
	1		2		9			
7						1		3
	8						4	

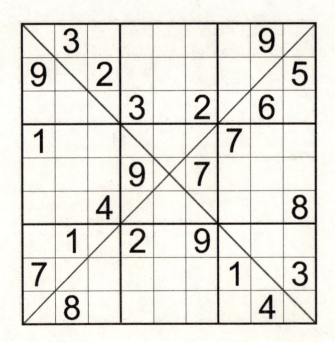

第十题 同位数独：在空格内填入数字 1~9，使得每行、每列和每宫内数字均不重复，九个宫内相同的位置不能出现相同的数字。（31 分）

1					7		9	
			1					
	2							4
		3					2	
			9	8	3			
	7					8		
8							4	
					6			
	5		3					7

第十一题 八字不规则无马数独：在空格内填入数字 1~8，使得每行、每列和每个不规则形粗线宫内数字均不重复，彼此形成国际象棋中马步位置的两格内不能填入相同的数字。（29 分）

第十二题　连续数数独：在空格内填入数字1~9，使得每行、每列和每宫内数字均不重复。每个灰色区域内都是一组连续的数字，同组内数字顺序没有要求。（26分）

第十三题 　连续数独：在空格内填入数字 1~9，使得每行、每列和每宫内数字均不重复，如果相邻两格内数字之差为 1，则这两格之间会被粗线隔开。如果两格之间没有粗线，则这两格内数字之差一定不为 1。（19 分）

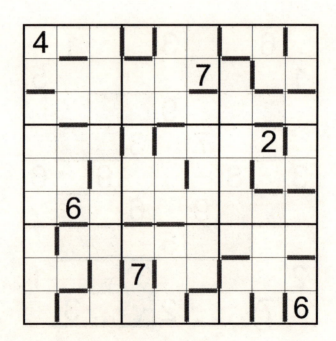

第十四题　黑白点数独：在空格内填入数字 1~9，使得每行、每列和每宫内数字均不重复，盘面内黑点表示其两侧格内数字为 2 倍关系，白点表示其两侧格内数字之差为 1，没有黑点和白点的相邻两格内数字不存在上述两种关系。（24 分）

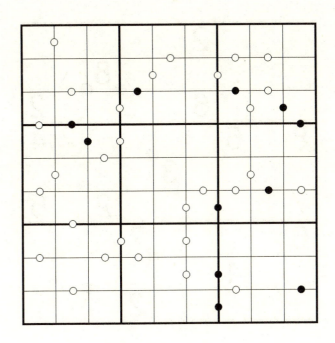

第十五题 钟面数独：在空格内填入数字 1~9，使得每行、每列和每宫内数字均不重复。盘面内白点表示其周围四格内数字顺时针方向依次增大，黑点表示其周围四格内数字顺时针方向依次减小，没有黑点和白点的 2×2 四格内数字不出现顺时针依次增大或减小的情况。（42 分）

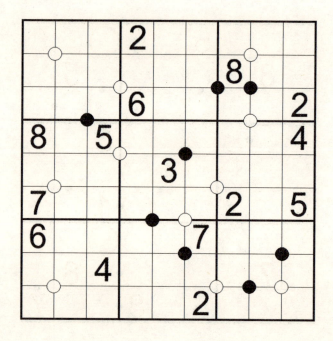

第十六题　奇偶扫雷数独：在空格内填入数字 1~9，使得每行、每列和每宫内数字均不重复。如果圆圈内是奇数，则表示它周围一圈格内有几个奇数；如果圆圈内是偶数，则表示它周围一圈格内有几个偶数。盘面内所有满足上述条件的格子都标出了圆圈。（38 分）

9	○		5		6	○		8
	3						5	
			○	○				
		8	○			5		○
		○		1	○			
		2			○	1		
		○				○		
○	7				○		8	
2		○	6		8			7

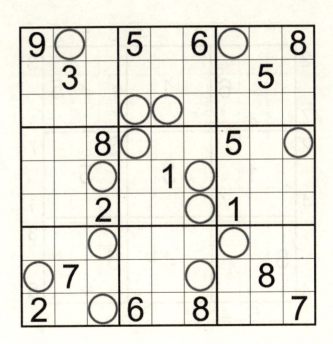

第十七题 摩天楼数独：在空格内填入数字 1~9，使得每行、每列和每宫内数字均不重复。盘面外数字表示其对应的行列从这个方向可以看到的数字个数，盘面内数字表示不同层数的楼房，盘面外观看时高层楼房可以挡住低层的楼房。（24 分）

						4	3	5		
2										3
			6		1				5	
7										
2							3			7
		1			3			5		
4			7							1
										3
	8				4		5			
4										5
		5	4	7						

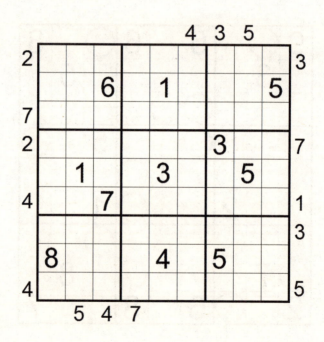

第十八题　属性数独：在空格内填入数字1~8，使得每行、每列和每宫内数字均不重复。外提示的奇、偶、大、小表示最近的两个单元格内数字的属性。奇：1、3、5、7；偶：2、4、6、8；大：5、6、7、8；小：1、2、3、4。（29分）

			奇		大	小			
	7							3	
							7		
偶						4			
大				3					奇
小					6				小
			6						偶
		1							
	6							5	
			偶	奇		大			

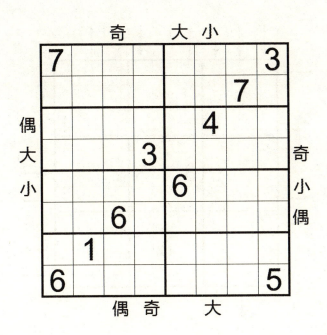

第十九题 方向数独：在空格内填入数字 1~9，使得每行、每列和每宫内数字均不重复。盘面外箭头表示其对应位置的盘面边缘三格内数字的大小关系，标出箭头的三格内数字朝着箭头方向依次增大，没标箭头的位置说明这三个数字不是依次递增或递减。（22 分）

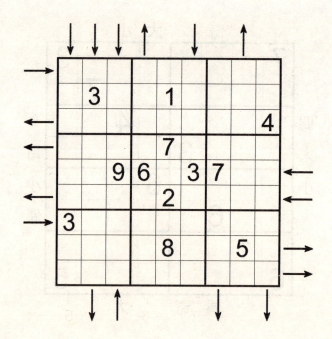

第二十题　外提示数独：在空格内填入数字 1~9，使得每行、每列和每宫内数字均不重复。外提示数表示其对应盘面边缘三格所含的数字，与数字顺序无关。（26 分）

	25	7	4	34		59	15	7	9	
5										19
14										3
2										56
59										6
38										59
6										47
59										6
3										57
68										9
	7	6	19	58		26	2	4	15	

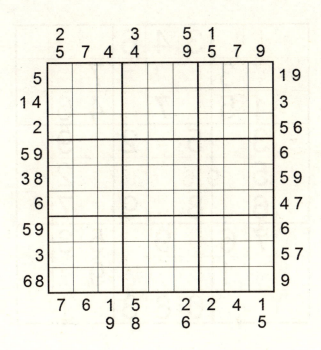

总决赛赛题

（决赛前四名选手重新排位赛）

第一题 标准数独：在空格内填入数字 1~9，使得每行、每列和每个宫都是数字 1~9。

			3	4	6			
		3					7	
	1	5		7		4	6	
	3		5		2		9	
	5						2	
	6		8		9		7	
	7	6		9		5	3	
		1				9		
			6	8	3			

第二题　不规则数独：在空格内填入数字 1~9，使得每行、每列和每个不规则粗线宫内都是数字 1~9。

第三题 杀手数独: 在空格内填入数字 1~9, 使得每行、每列、每个宫内数字不重复。虚线框内的提示数字表示虚线框内数字之和, 虚线框内数字不重复。

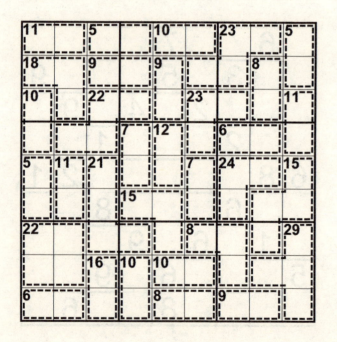

第四题 连续数独：在空格内填入数字 1~9，使得每行、每列和每宫内数字均不重复，如果相邻两格内数字之差为 1，则这两格之间会被粗线隔开。如果两格之间没有粗线，则这两格内数字之差一定不为 1。

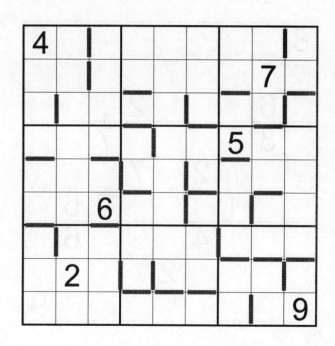

第五题 无马数独：在空格内填入数字 1~9，使得每行、每列和每个宫都是数字 1~9，彼此形成国际象棋中马步位置的两格内不能填入相同的数字。

8								5
					7			
	6					2		
	8	3					7	
			2		7			
		1				2	5	
		4				6		
			2					
4								9

第 **4** 章

2014 年、2015 年选拔赛难题详解

难题详解 1　2014 年决赛第七题——星积数独

星积数独：在空格内填入数字 1~9，使得每行、每列、每宫内数字均不重复。盘面上方的提示数字表示对应的列内所有星星所在格内数字的乘积，盘面右边的提示数字表示对应的行内所有星星所在格内数字的乘积。

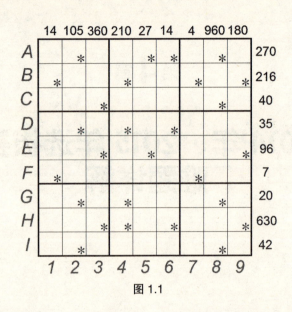

图 1.1

如图 1.1 所示，本题盘面上方和右侧已经给出提示数，我们将格子坐标标在左侧和下面便于读者查找。

由于星积数独初始时盘面内没有已知数，只能从周围乘积条件入手慢慢增加盘面内的条件。星积数独入手通常是根据特殊的乘积提示数，找那些含容易拆分的乘数，如可以被 5、7 等整除的提示数。因为可以被 2、3、4、6、8、9 等整除的数字，通常不容易一下判定必然含哪个数字，还需要根据其他条件具体分析。除此之外，行列中含有的星星个数少也是容易入手的线索位置。

有了以上的大体思路，我们先找到容易判断的具有唯一性的数组。C 行两个星格乘积为 40，所以这两格为 5、8 数对；D 行的三个星格乘积为 35，这三格只能是 1、5、7 数组；F 行两个星格乘积为 7，这两格只能为 1、7 数对；G 行三个星格乘积为 20，这三格内只能是 1、4、5 数组；I 行两个星格乘积为 42；则这两格内只能为 6、7 数对。

同理，从列的方向再观察一遍，第 1 列两个星格乘积为 14，则这两格为 2、7 数对；第 5 列两个星格乘积为 27，则这两格只能为 3、9 数对；第 6 列三个星格乘积为 14，则这三格内为 1、2、7 数组；第 7 列两个星格乘积为 4，则这两格内为 1、4 数对。

通过以上初步的观测筛选，综合行列的条件，可以得到第一批有效的条件，见图 1.2。

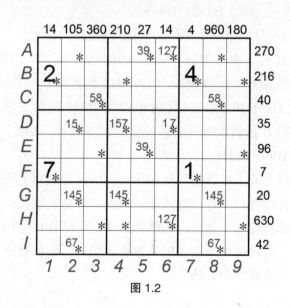

图 1.2

在图 1.2 的基础上再筛选边缘有效的条件，使得盘面内带星格内的候选数进一步缩小范围。

观察 2 列上面的提示数 105 得知 I2 格内不能是 6，只能填 7，则这列其余三格内只能是 1、3、5 数组，这样 A2 格内就是 3。根据上一步得出的 7 和 3 可以带出 I8=6、A5=9 及 E5=3。

得到 E5=3 后，再结合 E 行右边提示数 96，可得出 E 行另两个星格内为 4、8 数对。再观察 9 列上方提示数 180，得知 E9 格不能是 8。所以得到 E3=8 和 E9=4。根据 E3=8 带出 C3=5 和 C8=8。

这时已经得到 8 列中 C8=8 和 I8=6，再结合上方提示数 960，得到余下两星格内数字为 4 和 5。又由于已经得到 B7=4，可以对 8 列中的 4、5 定位，得到 G8=4 和 A8=5。

A 行星格还剩最后一个 A6，经过计算得到 A6=2。

B 行星格剩余两个，经过计算 B4 和 B9 两格内为 3、9 数对。又由于 A5=9，所以 B4=3、B9=9。

3 列这时只剩余一个星格，经过计算得到 H3=9。

观察 H 行，由于 H3=9 和 H6 的候选数 1、7，再结合 H 行右侧提示数为 630 可以判断出 H6 格内不能为 1，只能是 7。带出 D6=1、D2=5 和 D4=7。又由于得到 D2=5 继续带出 G2=1 和 G4=5。这时 H 行剩余的两星格只能是 2、5 数对，又由于 G4 是 5，所以得到 H9=5 和 H4=2。

经过以上若干步骤的计算和推理，已经把盘面上所有星格内的数字全部推理出来，这时该题已经变成了标准数独，盘面外的提示数全部转化成了盘面内的已知条件，得到图 1.3 所示的情形。

之后，解这道标准数独的步骤不再赘述，相信有一定基本功的爱好者不难解出余下的步骤。

图 1.3

难题详解 2　2014 年决赛第十八题——黑白点数独

黑白点数独：在空格内填入数字 1~9，使得每行、每列、每宫都是数字 1~9，盘面中黑点表示相邻两格内数字为 2 倍关系，白点表示相邻两格内数字之差为 1，没有点的相邻两格内数字不存在上述两种关系。

如图 2.1 所示，黑白点数独初始时是没有已知数字的，前中期都需要依靠黑白点给出的关系来寻找解题线索。爱好者需要知道通常情况下黑白点数独属于全标条件的变型数独，也就是说盘面内任何相邻两格都被条件所制约，有点的位置要符合点的关系，没点的位置一定不能符合两种点的关系。所以，有时没有点的区域也可以得到不少有用的条件，刚接触这类题目的爱好者不要忽视这方面的线索。

黑白点数独通常从黑点多的区域开始入手，因为黑点 2 倍的条件比白点差 1 的条件更有限制性。

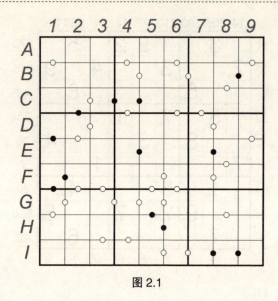

图 2.1

　　先观察 I 行右面被两个黑点连起来的三格，这三格左边又连了两个白点，该处线索能提供的条件相对多一些。被两个黑点相连的同行三格内只能是 1、2、4 组合或者 2、4、8 组合。结合左面又有两个白点，可以推理出 I7 格内不能出现 1 和 2，否则 I7 格两边无法填入数字了。所以该处从 I9 到 I7 应该有两种可能，分别是 1-2-4 或 2-4-8。而 I7 格往左面继续延伸只有 4-5-6 或 8-7-6 这两种可能，综合上述推理，I5 格一定是 6。

　　这时再观察八宫，由于八宫里有两个黑点串联出的三格，还有好几个白点，这里条件也比较多，应该可以得到有用的线索。由于该宫中所有格相互之间都有黑点或白点相连，说明不会有单个的数字被甩下，我们从数字 1 或 9 这两端来考虑。由于被两个黑点相连的三格内只能是 1、2、4 或 2、4、8 组合，数字 2 和 4 一定在这三格内。由上述推理可以得知 H4 和 I4 这两格内不可能有 1，所以八宫的 1 只能在 G6 格或 H6 格，如果 1 在 G6 格则 G5=2、H5=4 和 H6=8，这样的话八宫的 9 将无处可填，因为宫里格子相互都有关联，数字 9 应该和数字 8 被白点相连，但这种情况下 9 没有位置可填。综上所述，八宫内的 1 只能在 H6 格，依次推出 H5=2 和 G5=4。

在八宫继续深入整理候选数，由于 G5=4，所以两侧白点相连的 G4 和 G6 格内为 3、5 数对。所以 I6 格内不能再填 5，I 行一串线索也顺势推出，得到 I6=7、I7=8、I8=4 和 I9=2。根据 I7=8 再对八宫内数字 8、9 定位，得到 H4=8 和 I4=9。

由上述两个区域的黑白点组合可以得到图 2.2 所示的情形，从上述两格区域内的综合推理也可以看出，黑白点数独入手难度相对会高一些，初学者应认真体会黑白点给出的线索，并且能灵活运用。

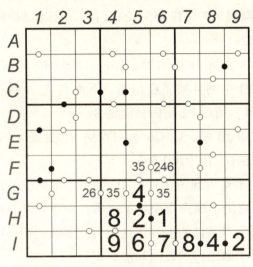

图 2.2

在黑白点数独中由于相邻两格总会受到黑点、白点或没有点的限制，通常都是沿着得到的线索继续推理，除非真的得不到有用的线索，或者别的位置有非常明显的入手点，推理位置的顺序不应轻易在盘面上跳跃。

从目前盘面上的线索来看，七宫内有三格被两个白点串联，再加上八宫已经有一些数字了，这时从七宫入手就顺理成章了。由于 I 行还剩三个数字 1、3、5，分别占据 I1、I2 和 I3 格，则七宫内被两个白点串联的 H1、G1 和 G2 三格内的连续数字只有 6、7、8 或者 7、8、9 这两种可能，再结合 G1 格与 F1 格间有黑点相连，说明 G1 格内不可能为 7，所以得到 G1=8，两侧相连的格 H1 和 G2 内为 7、9 数对。

这时 H5 格的 2 对七宫排除，得到 G3=2，余下 H2 和 H3 格内为 4 和 6。由于 G3 格和 H3 格之间没有黑点，所以 H3 格内不能是 4，所以得到 H2=4、H3=6。由 H3 与 I3 格间的白点，带出 I3=5。

由于 H2=4 且 H2 与 I2 格间没有白点，所以 I2 格内不能是 3，得到 I1=3 和 I2=1。

由于 G1=8 又与 F1 格由黑点相连，所以 F1 格内只能是 4。F2 格左边与 F1 格的 4 被黑点相连，下面与 7、9 候选数所在的 G2 格白点相连，所以 F2 格内只能是 8。

由 G3=2 带出 G4=3、G6=5。F6 格只能是 4 或 6，由于 F1=4，所以 F6=6，再带出 F5=5。

根据上述步骤得到图 2.3 所示的情形，七宫的推理相对于最开始 I 行和八宫的推理而言简单了很多，对于初学者而言，相邻两格间没有黑白点条件的推理在这里得到多次运用，所以习惯这种推导思路对于做黑白点数独非常有用。

按照我们上面所说的推理思路，在图 2.3 的情况下，应该沿着线索向九宫、四宫和一宫方向进行推理。

九宫 H 行中 3 不能填在 H8 和 H9，因为下面数字是 2 和 4 且与 2、4 之间没有白点相连，可以得到 H7=3。同理，5 只能填在 H9 格中。

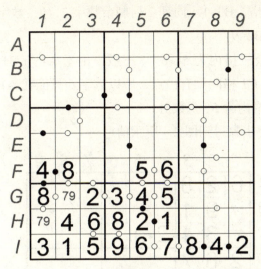

图 2.3

　　G 行的 6 不能出现在 G7 和 G9 中，因为这两格均与相邻的 5 之间都没有白点出现，可以得到 G8=6。带出 H8=7、H1=9 和 G2=7。九宫只剩 G7 和 G9 两格内的数对 1、9。

　　观察第 1 列，已经出现数字 3、4、8，所以另一个黑点所连接的 D1 和 E1 格内只能是数字 1、2，又因为 F1=4 且 E1 与 F1 格之间没有黑点，所以数字 2 不能在 E1 格内，得到 D1=2 和 E1=1，带出 F3=3。

　　四宫剩余四格中有三格内为连续数字，肯定是 5、6、7，所以中间格 D2=6，再用 G2 格的 7 排除，得到 D3=7 和 E2=5。这时四宫剩余最后一格 E3=9。

　　由于 C2 和 D2 格间有黑点相连，又知道 D2=6，则 C2 只能填 3。C3 格内则只能为 2 或 4，由于 3 列已经出现了 2，所以 C3=4。继续往右观察，C3、C4、C5 三格被两个黑点串联，则 C4 和 C5 格内只能依次填入 2 和 1。

　　3 列剩余数字 1、8，由于 B3 和 C3 格之间没有黑点，所以

8 只能在 A3 格、B3=1。同理 2 列剩余数字 2、9，数字 2 只能在 A2，并得到 B2=9。

一宫剩余三格内为 5、6、7 三数，由于 A1 与 B1 格间有白点，而 B1 与 C1 格间没有白点，所以数字 6 只能在 A1 格内，余下 B1 和 C1 格内为 5、7 数对。

经过以上步骤得到图 2.4 所示情形。

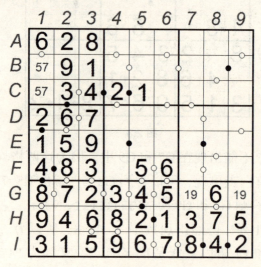

图 2.4

如图 2.4 所示，这道黑白点题目已经解了大半，剩余位置根据上述的思路继续推理不难全部解出。在 C 行、E 行、F 行、4 列、5 列等位置均可以入手寻找推理线索，后面的步骤不再赘述，爱好者可沿着自己的思路继续解完该题。从题目这个位置对比开始解题不难发现黑白点类题目往往开始解题时难度较大，需要深入挖掘可利用的线索，而随着条件越来越多，后面推理和寻找线索的难度会大大降低。

难题详解 3 2014 年决赛第二十题——奇偶扫雷数独

奇偶扫雷数独：在空格内填入数字 1~9，使得每行、每列、每个宫内数字不重复。如果圆圈内是奇数，则表示它周围一圈格内有几个奇数；如果圆圈内是偶数，则表示它周围一圈格内有几个偶数。盘面内所有满足上述条件的格子都标出了圆圈。

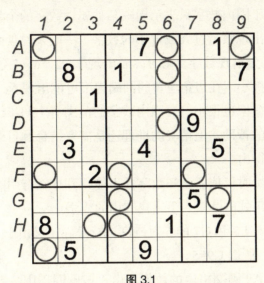

图 3.1

奇偶扫雷数独算是不太常见的变型数独，其特殊的规则不太容易读懂，在解题时也不容易应用，因为这个限制条件受到的制约因素较多，不太容易进行精确推理。在解题之前我们先把奇偶扫雷数独的规则详细解释清楚，便于初次接触的爱好者更容易理解。

盘面内圆圈位置的数字标示其周围 8 格内对应的雷数，当然如果圆圈在边角的位置，其周围覆盖的范围是不到 8 个的。除此之外，规则的难度还在于圆圈内为奇数和偶数时，其表示周围何种属性数字算作雷数是不同的，例如，圆圈内如果是数字 3，因为 3 是奇数，则表示这个 3 周围 8 格中有 3 个奇数；同理，假如圆圈内是数字 6，由于 6 是偶数，则表示该圆圈周围 8 格中有 6

个偶数。从上述介绍可以看出，如果知道圆圈内是什么数字，对其周围数字的判断会相对容易一些；如果不知道圆圈内数字，而需要依靠其周围数字反推圈内数字时，从奇数和偶数两个角度都需要考虑才能全面，这就大幅度增加了圈内数字的可能性，使推理变得更为复杂。

不过由于圈内数字只表示周围某种属性数字的个数，使得圈内不太可能出现数量过大或过小的数字。一般来说盘面中间的圆圈内肯定不会出现数字 8 和 9，而出现 1、2、6、7 这几个数字的可能性也极小。在边角位置的圆圈内不可能出现 6、7、8、9，而 5 出现的概率也很小。对圈内数字的范围有个初步认识，对推理会有一定的帮助。但精确的推理还是需要结合题目中的具体条件才能正确得出。

本题开始时仅依靠已知数字并不能得到什么有用的线索，我们首先从边角处的圆圈入手寻找有用的线索。

首先，看 E8 和 G7 的 5 对三宫进行排除，又由于 A9 格圆圈内不能填 5，所以 C9=5。

再分析 A9 圆圈格内的数值，由于该圆圈周围只有 3 格，说明里面只可能填 1、2、3 这三个数，又由于其周围已经有奇数 1、7 了，所以 1 肯定不能填；如果填 2，其周围没有位置出现 2 个偶数了，所以只能填入 3。圆圈内填 3 说明 B8 空格内也必须是奇数，则 B8 内只能填入 9。

这时看 A1 圆圈格，由于该格周围也只覆盖 3 个影响格，其值只能是 1、2、3 其中的一个，由于 C3=1 和 A9=3，所以 A1 只能是 2。

再看 I1 格，由于其周围出现了 1 个偶数 8 和 1 个奇数 5，所以只可能填数字 1 或 2，又由于 A1=2，所以 I1=1。然后利用排除法对九宫进行排除，得到 G9=1 和 H9=9。

再来看 A6 圆圈格，由于其在边上，周围只影响到 5 格，所以只能填 1~5 这几个数字，由于 A 行已经出现数字 1、2、3 了，范围缩小到只能填 4 或 5，如果填 5 说明周围 5 格都是奇数，但三宫的奇数已经全出来了，导致 A6 格周围不可能是 5 个奇数了，所以 A6 格只能填入 4。

由上面推出的 A6=4，得知 A6 周围空余 4 格都是偶数，又由于 B2=8，则 B5 和 B6 两格内为 2、6 数对，B7 格只能填 4。

再看另一个边上的圆圈格 F1，由于其在边上再根据 I1=1、F3=2 和 E2=3，所以只可能填入 4 或 5。如果 F1 填 4，说明其周围的 4 个空格都是偶数，由于 1 列已经有偶数 2 和 8，如果 F1 还是 4 的话，E1 和 G1 将没有 2 个偶数再出现了，所以 F1 不能填 4 只能填 5。

由上步的 F1=5，观察 5 的排除，发现 6 列只有 D6 格可以填 5。

由上述步骤得到图 3.2 所示情形，也可以看出奇偶扫雷数独初期基本是从边角上的圆圈格分析数值开始推理的。

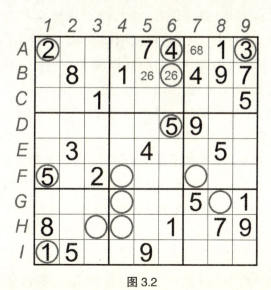

图 3.2

接着图 3.2 的情况继续推理，由上面步骤得到 B6 格只能是 2、6 来分析 B6 格内的数值。因为上面步骤在求出 A6 格内为 4 后知道 A7 格内一定为偶数。所以 B6 格目前周围已经有 4 格内都为偶数，所以 B6 格肯定不能为 2，只能填 6。带出 B5=2。

求出 B6 为 6 后，得知其周围目前的三个空格 C5、C6 和 C7 中还必须出现两个偶数才可以。又由于二宫现在已经出现偶数 2、4、6 了，所以 C5 和 C6 两格内应该有一格内填 8，另一格是个奇数。利用该处 8 的区块对三宫进行排除，得到 A7=8。三宫内剩余另两格内为 2、6 数对。

用 C9 的 5 对二宫进行排除，得到 A4=5，再对八宫排除，得到 H5=5。

B 行剩余的 B1 和 B3 格中的 3、5 可由 F1 格的 5 定位，得到 B1=3 和 B3=5。

根据 A1=2 得知其周围应该有两个偶数，可以判断 A 行剩余的数字 6、9 中，A2 格只能填偶数 6，并带出 A3=9。

由于 F1 圆圈内为 5，说明其周围 5 格内都是奇数，又由于 1 列已经出现了奇数 1、3、5，则 E1 和 G1 两格内为 7、9 数对。利用 7、9 数对对一宫进行排除，得到 C2=7 和 C1=4。

1 列剩余空格 D1 是 6。

继续分析 F1 格周围空格 F2 和 G2 内的奇数，由于 2 列出现奇数 3、5、7 了，所以 F2 和 G2 格内为 1、9 数对，又由于 G9=1，可以得到 F2=1 和 G2=9。带出 G1=7 和 E1=9。

2 列剩余两格内的 2、4，由 F3=2 可以定位，得到 D2=4 和 H2=2。

利用 A8 和 G9 两格的 1 对六宫排除，得到 E7=1，再对五宫继续排除得到 D5=1。

　　利用 B9 和 H8 两格的 7 对六宫排除，得到 F7=7。

　　经过上述步骤得到图 3.3 所示的情形。

图 3.3

　　在图 3.3 中，观察五宫内数字 9 的排除，由于圆圈内肯定不能填 9，所以可以得出 F6=9。再对二宫进行排除，得到 C4=9。

　　观察 D6 格圆圈内的 5，说明周围有 5 个奇数，这时 C5、C6 两格内为 3、8 数对，这里有一个奇数和一个偶数，而 C7 格内为候选数 2、6，只能是个偶数，再观察其余几个出现数字的格子，综合判断后得出 E6 格内只能是个奇数，也就是说，E6 格内就只能填入 7。带出四宫内 D3=7 和 E3=8。

　　观察圆圈格 G8，该格周围已经出现 5 个奇数，还有 3 个空格。而 G8 格可以填的数字是 2、3、4、6、8，逐一分析后，只有填入 2 是符合周围雷数状况的，填入其他数字均会出现矛盾，所以 G8=2。带出三宫的 C7=2 和 C8=6。

利用 G8 的 2 对 6 列排除，得到 I6=2。利用 G1 的 7 对八宫排除得到 I4=7。

剩余的线索中从圆圈的位置来看，只有 H4 格比较容易分析，因为它左边影响的三个格是七宫剩余的 3、4、6 数组，而八宫里受 H4 格影响的已经填出的数字有 5、7、9，还剩两个空格。现在 H4 格可以填入 3、4、6 这三个数字，综上分析填入 3、6 都不符合周围雷数的限制条件，所以 H4 格只能填入 4。带出 G3=4。

根据 H4 圆圈格内填 4 推断出其控制的两个空格 G4 和 G5 内都为偶数，所以 G4 和 G5 格内一个是 6，另个是 8。又由于 G4 格也是圆圈格，观察其周围确定不能填 8，所以得到 G4=6、G5=8 和 G6=3。

此处解决后，后面没有太大的难点了，还有两个圆圈格没有确定，观察其周围数字不难确定，其他格采用排除法都可以填出，请爱好者自己补满剩下的空格，步骤不再赘述。

难题详解 4　2014 年决赛第二十三题——距离数独

距离数独：在空格内填入数字 1~9，使得每行、每列、每个宫内数字不重复。盘面外数值表示对应的行列内某两个数字的顺序及之间的距离。例如 A 行右面的 "7-8：1" 表示这行内数字 7 在数字 8 的左边，且两数间距离是 1 也就是相邻的关系。

距离数独是利用盘面周围提示的该行或该列中某两个数之间的位置距离关系进行推理的一种变型数独。如果盘面外提示两数距离是 1，那这两个数在该行或该列中是相邻的，所以可以知道提示条件两数最大距离是 8，如果是 8 的话，则说明这两数在该行或该列中填在首尾两头的格中。

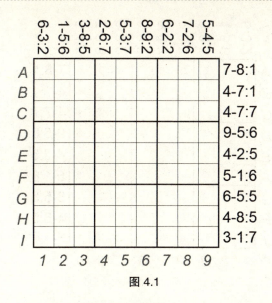

图 4.1

在初步了解距离条件限制范围后，再进一步思考什么样的距离线索对初始推理有用。如果两个数距离是 7，则说明这两数在该行列中的位置有两种可能，例如，C 行右侧提示条件为 4-7:7，说明 C 行中 4 在 7 的左边，且两数距离是 7，那么一种可能就是 C1=4、C8=7，另一种可能是 C2=4、C9=7。同理，如果提示距离是 6，则两数在同行列中的位置有 3 种可能。

无论是上面说的距离 7 的两种可能还是距离 6 的三种可能，由于这两种情形的两数都在两边的宫内，不会有数字跑到中间的宫，所以可以形成有一定用途的推理线索——某数字的区块。首先第一步就是标出这些有用的区块，进行初步的线索排查。

根据上述思路整理出距离 7 和 6 的条件我们可以得到图 4.2 所示情形。

在图 4.2 得到的这些区块中，我们可以利用七宫 3 的区块排除掉 I5 格的 3，所以 H5=3，带出 A5=5。

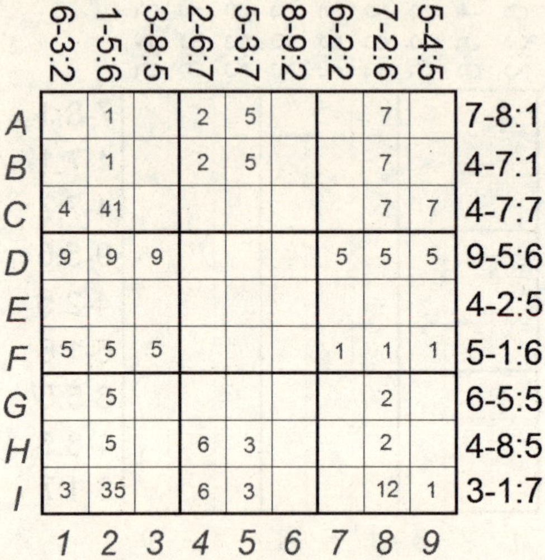

	6-3:2	1-5:6	3-8:5	2-6:7	5-3:7	8-9:2	6-2:2	7-2:6	5-4:5	
A		1		2	5			7		7-8:1
B		1		2	5			7		4-7:1
C	4	41						7	7	4-7:7
D	9	9	9				5	5	5	9-5:6
E										4-2:5
F	5	5	5				1	1	1	5-1:6
G		5						2		6-5:5
H		5		6	3					4-8:5
I	3	35		6	3			12	1	3-1:7
	1	2	3	4	5	6	7	8	9	

图 4.2

　　再观察三宫的 7，综合 8 列上的条件和 C 行右边的条件，可以确定 7 只能在 C8 格。带出 C1=4、I8=2。

　　由于 I8=2，所以 I 行的数字 3 和 1 的位置也只剩一种可能了，得到 I2=3 和 I9=1。

　　由于七宫 5 的区块可以排除掉 F2 格的 5，所以 F 行根据右侧的条件得知 1 也不能在 F8 格出现。再根据上一步得到的 I9=1，F 行的 1 只能在 F7 格，带出 F1=5。

　　根据 G 行右侧条件得知 G 行的 5 一定在右侧的几格内，所以可以排除 G2 格的 5，这时得到七宫内的 5 只能在 H2 格，根据 2 列上方条件带出 B2=1。再利用 1 对三宫排除，得到 A8=1。

　　观察 1 列上方的条件 6-3:2，再结合七宫内已经有 I2=3，和 1 列内已经得到 C1=4 及 F1=5 的条件。1 列的 3 已经不能出现在七宫了，而数字 6 又在数字 3 上方距离为 2 的位置。所以 1 列中只有 D1=3 才能满足该条件，并得到 B1=6。

　　根据 B 行右侧的条件 4-7:1，再结合 C 行得到数字 4、7 的线索，可以缩小 B 行内 4、7 位置的范围，得到 B 行的 4 只能在 B4 和 B5 格，7 只能在 B5 和 B6 格。

由上一步得到二宫中 4 的区块，再结合 9 列上方的条件，得到三宫的 4 被排除后只能在 A7 格。

根据以上线索推理及整理，可以得到图 4.3 所示的情形。

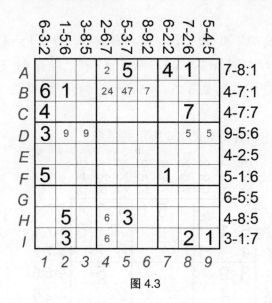

图 4.3

在图 4.3 中，观察 7 列上方的条件 6-2:2，又因为九宫已经出现 I8=2，所以 7 列的 2 只能在 D7 或 E7 格，但如果 D7=2，则 B7=6，与 B1 的 6 矛盾，所以 7 列中 2 只能在 E7 格内，带出 C7=6。再用 6 对二宫排除，得到 A6=6。

观察 E 行右侧的条件 4-2:5，结合刚得到的 E7=2，带出 E2=4。

观察 9 列上方的条件 5-4:5，结合 A5=5 已经排除 A9 填 5 的可能，再结合 I9 格已经有数字 1 占位。可以推理出 9 列数字 4、5 的位置只有两种可能，要么是 B9=5、G9=4，要么是 C9=5、

H9=4。再观察 H 行右侧的条件发现 H 行的 4 不可能在 H9。所以 9 列数字 4、5 的位置只能是 B9=5 和 G9=4。再利用排除法对一宫排除，得到 C3=5。

由于图 4.3 中已经得到 D1=3，导致 D 行数字 5、9 的位置减少为两种，再结合刚得到的 B9=5，可以得到 D 行中 D8=5 和 D2=9。

利用 E2、A7 和 G9 格的 4 对六宫排除，得到 F8=4。

观察 G 行右侧条件 6-5:5，再结合 1 列已经有 6，8 列、9 列已经有 5，得到 G 行数字 5、6 的位置只有一种可能，即 G2=6 和 G7=5。

根据上述步骤得到图 4.4 所示的情形。

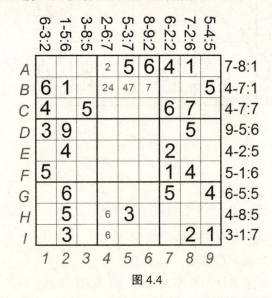

图 4.4

在图 4.4 中，利用 C7 和 G2 格的 6 对九宫排除，可以在九宫中得到一个含 6 的区块，即 H8 和 H9 两格，利用该区块排除掉 H4 格的 6，得到 I4=6，带出 B4=2、B5=4、B6=7。

再利用 I2 和 H5 格的 3 对九宫排除，得到 G8=3。再对 7 列进行排除，得到 B7=3。再对一宫进行排除，得到 A3=3。

观察 3 列上方的条件，又根据刚得到的 A3=3，得到 3 列的 8 只能在 F3 格。

再根据 A 行右侧的条件 7-8:1 得到 A 行的 7 只能在 A1，8 只能在 A2。

这时盘面外的距离条件只剩下 6 列上方和 H 行右侧。盘面内可以根据标准数独的解法解出不少数字，H 行右侧的条件马上就可以破解，后面的步骤主要变成解标准数独了，相信爱好者可以自行解决，解题步骤不再赘述。

难题详解 5 2014 年决赛第二十四题——外提示数独

外提示数独：在空格内填入数字 1~9，使得每行、每列、每个宫内数字不重复。盘面外标注的数字表示该行或列内最近的三格里所含的数字。

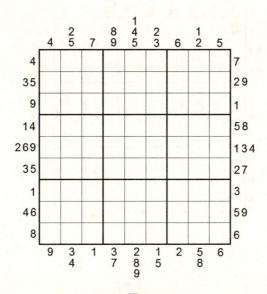

图 5.1

外提示数独盘面外给出的提示条件表示对应位置临近 3 格内出现的数字，虽然给出的数字位置顺序并不固定，但由于临近三格都在同一个宫内，使得这个条件直接可以当成区块来用。综合来看这种提示条件给得比较直接，与上面四道题相比，外提示数独运用条件上不会有太多的转弯，只是在区块的灵活应用上要求稍高一些，但整体思路与标准数独比较接近，并不难上手。

由于一宫、三宫、七宫和九宫这四个宫，直接受两个方向上条件的直接约束，所以开局时根据两个方向出现的提示数，很容易填出这些宫内的部分数字。如 A 行左侧提示数 4 和 1 列上方提示数 4，直接可以锁定一宫内的 4 在 A1 格。除此之外，还可以标出一些很明显的区块和数组，当然这种标注使用的多少，取决于做题者的习惯。

综上所述，可以得到图 5.2 所示的大致情形。

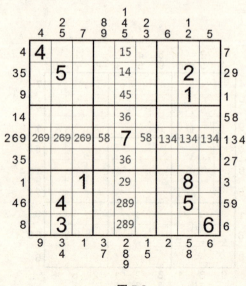

图 5.2

图 5.2 中由于 E 行和 5 列外面的 3 个提示数都是满的，所以

可以写出 E 行和 5 里的所有数组，可以得到 E5 格为 7。

而七宫的 3 和九宫的 8 是根据盘面提示数和对面宫的提示数形成区块排除而得到的。

在图 5.2 基础上继续挖掘有用的提示线索，利用三宫和九宫的数字 2 线索对六宫进行排除，结合 F 行右侧的提示数 2，得到 F9=2。

利用三宫和九宫的提示数 5、8 对六宫进行排除，再结合 D 行右侧的提示数 5 和 8 可以得到六宫内 D7=5 和 D9=8。

利用一宫和七宫内的提示数 4 对四宫进行排除，再结合 D 行左侧的提示数 4，可以得到 D3=4。

利用一宫和三宫外的提示数 9 对二宫进行排除，再结合 4 列上方的提示数 9，可以得到 A4=9。

利用 F 行左侧的提示数 3 对 5 列进行排除，得到 D5=3 和 F5=6。

利用刚得到的 F5=6 对六宫进行排除，得到 D8=6。这时六宫余下的 7、9 数对，可根据三宫和九宫的提示数 9 来综合考虑其在 8 列中的位置，在 8 列中只有 F8 可以填 9，带出 F7=7。

利用七宫和九宫的提示数 3 对八宫进行排除，再结合 4 列下方的提示数 3，可以得到 H4=3。

利用 4 列上方的提示数 8 对 E 行进行排除，得到 E4=5 和 E6=8。

根据上述步骤可以得到图 5.3 所示的情形。

在图 5.3 情况下，五宫剩余 4 个数字可以全部排除出来。然后在八宫形成 4、7 数对和 1、5、6 数组，并可以得到 H6 格只能填 1。再对二宫和其他宫陆续进行排除。总之，后面步骤难度不大，以上步骤可以帮助不太熟悉规则的爱好者引领一下思路，相信有一定标准数独基础的爱好者都可以将本题继续解完，余下步骤不再赘述。

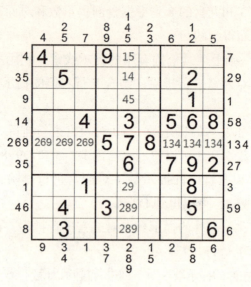

图 5.3

难题详解 6　2015 年决赛第七题——四则数独

　　四则数独：在空格内填入数字 1~9，使得每行、每列和每宫内数字均不重复，盘面内的提示数表示其两侧格内数字经过加、减、乘、除这四种运算后的得数，每个宫内的四个提示数分别对应一种运算。

　　四则数独虽然规则不难理解，即每个宫里的四个提示条件分别表示对应的相邻两数经过加、减、乘、除这四种运算的结果。但四则数独的运算推理难度通常较大，因为只知道这些提示数的数值，需要推理出它们分别对应哪种运算法则，还要推理出提示数两侧的数值，这使得某些组合可能性过多，能下手推理的线索变得很少。

　　初始阶段能下手推理的提示数只有那些两位数，超过 17 的提示数只能是两数相乘得到的，而 10~17 之间的提示数有可能是乘法也有可能是加法得到的。我们先把图 6.1 中能确定是乘法或加法，且只有一种组合的线索标出来。

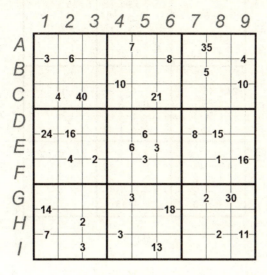

图 6.1

　　本题入手可标注且确定是乘法的位置并不多，加法虽然能确定几个位置，但组合太多无法确定数对。反复排查后发现二宫有可挖掘的线索。二宫内提示数 21 必定是 3、7 相乘的结果，而提示数 10 肯定就是加法了，但无法确定数对是什么。这时发现余下的提示数 7 和 8 一个表示减法、一个表示除法。而表示减法和除法的得数如此大，很容易锁定范围。提示数 7 如果是除法的得数，那么只能是 1 和 7，但宫内的 7 已经在提示数 21 两侧了，所以提示数 7 只能表示减法，则提示数 8 表示除法，那么这两格只能是 1、8 数对。而提示数 7 两边只能是数字 9、2 相减的结果。所以二宫内提示数 10 的加法两侧格内应该为 4、6，剩余的空格 5 也被带出来了。

　　线索经过整理后得到图 6.2 所示情形。

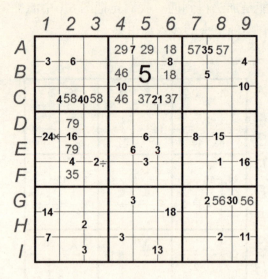

图 6.2

在图 6.2 中，四宫的提示数 16 肯定是加法，那么只能是 7、9 数对，连接下面的提示数 4，不可能由 7、9 根据乘法和除法得到，所以只能是减法，那么只能是 3 或 5 来对应上面的 7 或 9。四宫的提示数 24 只能是乘法，那剩下的提示数 2 就对应除法了。这里不能确定乘法和除法的数对，只能先标注一下运行法则的符号。

下一步是本题的卡点，虽然分析一宫和八宫都能得到些许线索，但不足以推出有效的条件。这里提供一种突破方法供大家参考。

观察七宫的提示数 14，目前这里可以是乘法由 2、7 形成，也可以是加法由 5、9 或 6、8 形成。假设这里是加法，那么又根据 G8、G9 格的 5、6 数对排除得到，G1 格只能是 8、9，H1 格只能是 5、6。而 H1 格与 I1 格之间提示数是 7，数字 5、6 想跟某数运算后得到 7，只能运用加法与 2 或 1 形成。但这里再用加法就与题目规则矛盾了，所以提示数 14 只能是乘法，得到 G1 和 H1 格内为 2、7 数对。

　　然后观察一宫，由于 C2 格内只能是 5、8，那么与提示数 4 相邻的 C1 格不可能运用加法得到。则一宫的加法要么对应提示数 3，要么对应提示数 6。如果对应 3，那就是 1 和 2 相加，如果对应 6，又由于一宫的 5 已经出现在 5、8 数对位置，所以只能是 2 和 4 相加。也就是说一宫的 2 只能在提示数 3 和 6 控制的这 4 个格内。再结合刚才得到七宫的 2、7 数对和上面得到二宫的 2、9 数对，运用排除法得到一宫的 2 只能在 B2 格，带出 A2=4。

　　这时一宫内 C1 格与 C2 格根据提示数 4 相连，只可能是减法关系，C2 格只能是 5，而 C1 格可能是 1 和 9，带出 C3=8。

　　一宫剩余的提示数 3 只能是除法运算，可能是 1、3 组合也可能是 3、9 组合，但必定含一个 3 的区块。根据该区块可以判断出下面四宫中那个提示数 24 的乘法关系只能是 4、6 组合，排除掉了 3、8 组合。

　　用 C2 格的 5 可以排除 F2 格的 5，得到 F2=3，带出 E2=7 和 D2=9。

　　利用 C3 的 8 对四宫排除，得到 F1=8。

　　四宫剩余的提示数 2 只能是除法，是 1、2 进行运算的结果。剩余最后一格 D3=5。

　　运用 1 列的 4、6 数对和 2、7 数对对一宫进行排除，得到 B3=7 和 A3=6。

　　根据 C2 和 D3 的 5 对七宫进行排除，得到 I1=5。推理出 H1 只能是 2，才能与 5 运用加法运算得到提示数 7，带出 G1=7。

　　经过上述步骤得到图 6.3 所示情形。

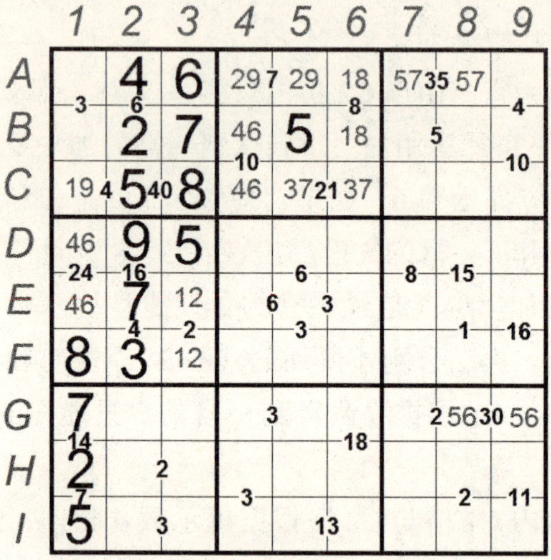

图 6.3

在图 6.3 中利用 5 对八宫进行排除，得到 H4=5，I4 与 H4 用提示数 3 相连只能为减法运算，所以 I4 只能为 2 或 8。

这时观察八宫，里面的提示数 13 肯定是加法，提示数 18 肯定是乘法，剩余的另一个提示数 3 一定是除法，又由于 H 行已经有 5、6 数对，所以这个提示数 3 要么是 3 与 1 相除，要么是 9 与 3 相除，不管哪种组合，八宫的数字 3 一定在这个提示数 3 两侧。所以提示数 18 就不能由 3、6 相除得到，只能为 2、9 数对。又知道 H1=2，所以 G6=2、H6=9。这时八宫内空余的提示数 3 只能由 3、1 相除而得，而提示数 13 也只能由 6、7 相加而得。并带出 I4=8 和 H5=4。

利用八宫的 6、7 数对和九宫的 5、6 数对对七宫进行排除得到 H2=6。利用提示数 2 与之相连的 H3 格不能出现利用减法的 4，只能是利用除法的 3。

利用八宫的 1、3 数对对七宫进行排除，得到 I2=1。与其相连的提示数 3 只能是减法运算，那么得到 I3=4。再利用排除法得到 G2=8、G3=9，G 行最后空格 G7 内只剩 4 可填。

根据以上步骤得到图 6.4 所示情形。

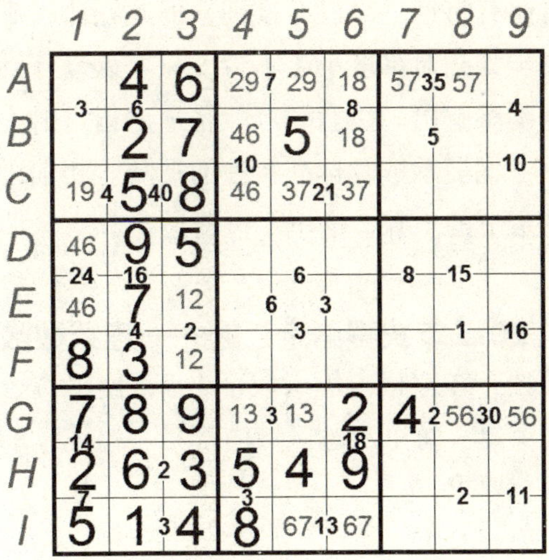

图 6.4

在图 6.4 中可以先从九宫下手，由于 G7=4，G7 和 G8 两格间提示数为 2，那 G8 格内只能是 6，与 G7 的 4 运用减法得到提示数，带出 G9=5。

九宫内另一个提示数 2 只能是除法，而宫内已经有数字 4、6，那么这里只能由数字 2、1 相除才能符合，再用 H1=2 排除，得到 I8=2，H8=1。

九宫里的提示数 11 为加法运算，这时只有数字 3、8 符合，再利用 H3 格的 3 排除，得到 I9=3 和 H9=8。九宫余下两格经排除得到 H7=7 和 I7=9。

这时再对六宫入手，提示数 16 本来可以由 7、9 相加得到，也可以由 2、8 相乘得到，但由于 H9=8，所以该处只能是加法，再由于 E2=7，得到 F9=7 和 E9=9。

六宫的提示数 15 这时只能是乘法运算，提示数 8 只能是除法运算等。

虽然题目还有将近一半没有推理，但此题比较难的关卡已经突破，后续的步骤相对难度小了不少，只要认真仔细，不出现推理漏洞，本题不难解出。注意一点就是最后五宫的突破有些小困难，需要综合考虑提示数及标准数独的技巧。相信爱好者们可以自行解决该题余下的步骤，这里不再赘述。

解题详解 7　2015 年决赛第十二题——连续数数独

连续数数独：在空格内填入数字 1~9，使得每行、每列和每宫内数字均不重复。每个灰色区域内都是一组连续的数字，同组内数字顺序没有要求。

图 7.1

连续数数独规则很容易理解，也就是一块灰色区域内是一组连续的数字，而其中数字的顺序并没有额外的要求。本题中有 4 块灰色区域，其中左上和右下的灰色区域都有 6 格，而左下和右上的区域都有 4 格。

本题初始根据已知数可以得到五宫一个 2、5 数对，还能得出 E 行的 E8=7。然后根据已知数无法得到更多的线索，只能从灰色区域开始分析连续数字。

由于左上和右下的灰色区域都有六格，如果从最小的数字 1 开始，那么是 1-6；如果从最大的 9 开始，那么是 9-4。所以可以判断出，无论这六格为如何连续的六个数字，其中必然会出现 4、5、6 这三个数字。有了这个判断，根据 A2 格的 6 对左上灰色区域进行排除，得到灰色区域内的 6 只能在 B4 格。接着对 5 列进行排除可以得到 H5=6，带出 B5=7。

然后分析右下方的灰色区域，由于 D6 和 I8 两格的 3 对该区域全部影响，说明该区域内肯定不能出现数字 3 和比 3 小的 1、2 了，那么该区域内就是 4、5、6、7、8、9 这唯一的组合了。

利用 H1 和 I5 格的 2 对九宫进行排除，再考虑灰色区域内不能有 2，得到 G9=2。

利用 E8 和 I2 的 7 对九宫进行排除，可以得到 G7 和 H7 这两格内必含 7，所以右下方灰色区域内 7 也只能在这两格内。再结合 D4 格的 7 对八宫进行排除，得到 G6=7。再根据 G6 格的 7 对九宫进行排除，得到 H7=7。

这时观察 6 列，由于下面的灰色区域不能出现数字 1，那么 6 列的数字 1 只能填在 C6 格内。这样就得到右上灰色区域内含 1，则另 3 格数字一定就是 2、3、4，利用 D6 格的 3 对该区域进行排除，得到 C7=3。余下的 D7、D8 两格内是 2、4 数对。

根据上述步骤得到图 7.2 所示情形。

	1	2	3	4	5	6	7	8	9
A		6			3		1		
B	1			6	7				5
C					9	1	3		
D				7	18	3	24	24	
E	3	14	8	25	14	25	9	7	6
F				9	48	6	1		
G					5	7			2
H	2				6		7		1
I		7			2			3	

图 7.2

在图 7.2 中，由于右下方区域内为 4-9，可以用 G5 格的 5 对右下方的灰色区域进行排除，得到 F8=5。再结合 B9 格的 5 对九宫进行排除，得到 I7=5。

利用 A2、B4 和 E9 三格的 6 对三宫进行排除，得到 C8=6。再用 6 对九宫进行排除，得到 G7=6。

利用 F 行和 G 行的数字 5、6 对左下方灰色区域进行排除，得到该灰色区域内不能出现数字 5、6，也不能出现数字 7、8、9，那么这 4 格内只有连续数字 1、2、3、4 这一种可能。

由于 E1 的 3 和 F7 的 1 对 F2、F3 两格的影响，得到该灰色区域内 G3 和 G4 两格为 1、3 数对，F2 和 F3 两格为 2、4 数对。

利用 F2、F3 两格的 2、4 数对对 E2 进行排除，得到 E 行中 E2=1 和 E5=4。带出五宫的 D5=1 和 F5=8。再带出六宫的 D9=8 和 F9=3。F 行最后空格 F1 内只能填入 7。

再观察左上灰色区域，由于 B1、A8 和 E2 三格 1 的影响，使该区域不能出现 1，致使该区域除了必含数字 4、5、6 外，又增加了一个 7。

利用 I2 和 B5 格的 7 对左上灰色区域进行排除，得到该区域的 7 只能在 C3 格。再用 7 对三宫进行排除，得到 A9=7。

利用 C5 和 E7 格的 9 对三宫进行排除，得到 B8=9。再对九宫进行排除，得到 I9=9。再对八宫进行排除，得到 H6=9。

利用九宫剩余的 4、8 数对对六宫进行排除，得到 D7=4 和 D8=2。9 列最后一个空格 C9 内只能填 4。

根据上述步骤得到图 7.3 所示情形。

图 7.3

在图 7.3 中是该题中后期最难处理的一个难点，此处没有太好的处理方法，如果在比赛中不妨试数去突破左上那个区域。我们在这里尝试用步骤较短的逻辑推理去突破这个卡点。

观察左上方灰色区域内的 4，只能在 B3 和 A4 两格内，这两格同时对 A1 和 A3 格产生影响，所以可以排除掉 A1 和 A3 两格内的 4。这时再看一宫，数字 4 只能在 B2 和 B3 两格，而一宫内的 3 也只能在 B2 和 B3 两格。这时一宫内形成 3、4 数对占位。

如果 D2 格内为 9，那么七宫的 G1=9，一宫的 A3=9。这时又由于 H1 的 2 对一宫排除，一宫内只能是 C2=2。如果这样的话，左上方灰色区域内就通常出现数字 2 和 9 了，这样显然是不符合该区域内出现六个连续数字这个限制条件的，综合上述推理，说明 D2 格内不能填入 9，只能填 5。

上面步骤解决后，后面题目难度不大了，先得出 2 列的 9，再确定左上灰色区域内数字 3、4 的位置，后面步骤不再赘述。

难题详解 8　2015 年决赛第十五题——钟面数独

钟面数独：在空格内填入数字 1~9，使得每行、每列和每宫内数字均不重复。盘面内白点表示其周围四格内数字顺时针方向依次增大，黑点表示其周围四格内数字顺时针方向依次减小，没有黑点和白点的 2×2 四格内数字不出现顺时针依次增大或减小的情况。

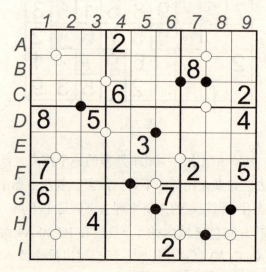

图 8.1

　　在钟面数独中，首先要对黑点和白点周围数字大小的方向进行熟悉，否则在推理过程中容易混乱。还有就是钟面数独也是全标类的数独，也就是四格之间没有黑点或白点的位置，这四格内数字大小顺序一定是打乱的，不能符合依次递增或递减的关系。

　　首先，先根据已知数进行一些常规技巧的推理，利用 A4、I6 和 F7 三格的 2 对五宫进行排除，得到 D5=2。

　　利用 D3 和 F9 两格的 5 对五宫进行排除，由于 E4 格和 D3 格的 5 同被一个白点控制，所以 E4 内肯定不会再出现 5，得到五宫内 E6=5。

　　观察五宫和六宫间的白点，由于 F7=2、E6=5，根据白点顺时针依次增大的条件，F6 格内数字只能在 2 和 5 之间，而五宫已经有数字 3，所以 F6=4。

　　再用 C4 格的 6 对五宫进行排除，由于五宫和八宫间的白点盘面已经出现 F6=4 和 G6=7，所以按依次递增的规律 F5 格肯定不能出现 6，得到五宫内 D6=6。

　　分析四宫和五宫间的白点，由于 D3=5，又由于 F1 格的 7 对五宫排除，得到五宫的 7 只能在 D4 和 E4 格内。如果 7 在 E4 格，而 D4 格已经不能填入 5 和 7 之间的 6 了，所以 7 只能在 D4 格内。

　　利用 C4、D6 和 G1 三格的 6 对八宫进行排除，八宫的 6 只能在 H5 和 I5 两格中，由于 H5 与 G6 格的 7 同被一个黑点控制，按照依次递增的规则这两个相差 1 的数之间不应该还存在一个空格，所以 6 不能出现在这个黑点控制的 H5 格内，得到 I5=6。

　　利用 D9 和 F6 两格的 4 对四宫进行排除，得到四宫的 4 只能在 E1 或 E2 格，由于 E1、E2 与 F1 格的 7 同被一个白点控制，如果 E1 是 4，则 E2 和 F2 两格内数字依次递增只能填入 5、6，但四宫内已经有数字 5，所以 4 只能在 E2 格内。而 F2 格内只能填入 6。

利用 G1 和 F2 两格的 6 对一宫进行排除，由于一宫和二宫间的白点控制的数字有 C4 格的 6，所以这个白点周围其他几格就不能出现数字 6 了，得到一宫内只有 A3 格可以填 6。

根据以上步骤得到图 8.2 所示情形。

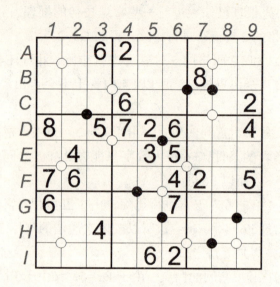

图 8.2

观察五宫 F5 格，如果 F5=1，则 F4 格内只能是 8、9，这样就与下面的黑点矛盾，所以 F5 格不能填 1。如果 E4 格是 1，按五宫与八宫之间黑点的条件，剩余的数字 8、9 应该在 F4 内填 9，F5 内填 8。如果这样则 E4、E5、F5 和 F4 四格内数字为 1、3、8、9，呈现递增关系了，但这四格中心又没有标注点，所以不能出现这种排列，这样也排除掉 E4 格填 1 的可能。综上所述，在五宫内 F4=1。

利用 F4 格的 1 对八宫进行排除，又由于 G5 格与 F4 格同被一个黑点控制，不能出现相同数字，所以八宫内的 1 可以在 H5 和 H6 两格。如果 1 在 H6 格则与 I6 格的 2 和旁边的白点矛盾，所以八宫内的 1 只能在 H5 格内。

观察八宫内的黑点，由于其控制的四格内已经得知 H5=1 和 G6=7，所以 H6 格内数字应该在 1 和 7 之间，而 6 列已经出现了数字 2、4、5、6，所以 H6 格内只能填 3。

6 列上面三格剩数字 1、8、9，由于 B6 和 C6 两格被旁边黑点控制，且该黑点旁边已经有 8，所以这两格不能再填 8。6 列内的 8 填在 A6 格。再根据二宫和三宫间的黑点判断 1、9 的位置，得到 B6=9 和 C6=1。

利用 E5 格的 3 对二宫进行排除，得到 B4=3。

观察二宫剩余的数字 4、5、7。先看二宫和五宫交界处，由于 D5=2、C4=6、D4=7，所以如果 C5 格内填入 4 或 5，则这四格间应该有黑点出现，但题目中并没有，所以 C5 格只能填 7。同理，由于 A4=2、B4=3，如果 B5=4、A5=5，则这四格间应该有黑点存在，但题目中没有，可以推出只能 A5=4、B5=5。

利用 A6、B7 和 D1 三格的 8 对一宫进行排除，一宫的 8 只能在 C2 或 C3 格，如果 8 在 C2 格，则 C3 格内只能是 6 或 7，但 C 行已经有数字 6、7，所以一宫的 8 只能在 C3 格。

分析一宫和四宫间的黑点，D2 格只能填 1、3、9，如果是 9 的话，则 C2 没有数字可填，所以 D2 格只能填入 1 或 3，而由于 C2 格不能填入比 1 和 3 更小的数字了，所以 C2 格只能填比 8 大的 9。

经过以上步骤得到图 8.3 所示情形。

在图 8.3 中，观察三宫内 4 的位置，如果 4 在 B8 则 C8 和 C7 两格将无法填入符合黑点条件的数字，所以在三宫内只有 C7 和 C8 两格内可以填入 4。利用这个 4 的区块和其他几个 4 对一宫排除，得到 B1=4。

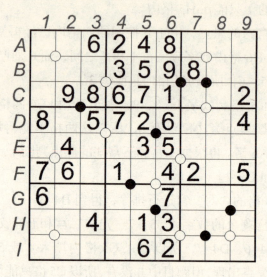

图 8.3

　　利用二宫的 3 对一宫进行排除，由于一宫的白点旁 B1 格内为 4，所以 3 不能出现在 A1 和 A2 两格中，一宫中的 3 只能在 C1 格内。C 行剩余的 4、5 可以通过旁边的白点或黑点进行定位，得到 C7=4 和 C8=5。

　　利用 B5 格的 5 对一宫进行排除，再考虑一宫内的白点，一宫内的 5 只能填在 A1 格内。

　　再考虑一宫内数字 7 的位置，根据一宫和二宫间的白点可以判断 7 不能填在 B3 格。而 A2 和 B2 两格内如果填 7 根据一宫内的白点条件则只能填在 A2 格。

　　一宫内现在只剩余 1、2，而 C2=9、C3=8，如果 B2=1、B3=2，则这四格内数字顺时针依次增大了，但这里并没有白点，所以只能 B2=2、B3=1。同理 B 行剩余的 6、7 两数也根据 C8 和 C9 两格 5、2 的位置可以定位，得到 B8=7、B9=6。

　　由于 D 行的 9 只能在 D7 或 D8 格内，根据三宫和六宫间的白点可以判断9只能在D8格内。

利用A2和F1两格的7对七宫进行排除，得到I3=7。

这时3列只有三个空格，应该填入2、3、9这三个数字。考虑四宫的E2=4和F2=6这两格，如果F3=9，则E3=2，这样的话这四格间应该有黑点，但题目中并没有，所以F3格不能填9，只能填入3。带出D2=1和D7=3。

四宫这时只剩数字2、9，利用该数对对五宫进行排除，得到F5=9和E4=8。带出G5=8、F8=8。

利用数字1对七宫进行排除，得到I1=1。这时H1格只能填入2或9，根据七宫的白点，H1不能填入9，得到H1=2，带出E1=9，E3=2和G3=9。

再利用H1、I6、C9和F7这四格的2对九宫进行排除，得到G8=2。

根据以上步骤得到图8.4所示情形。

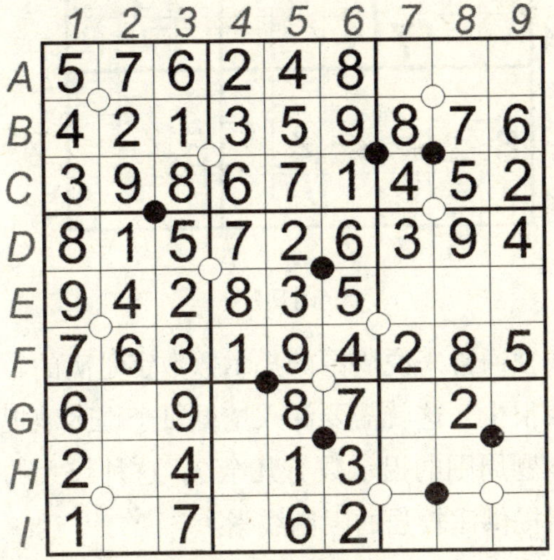

图8.4

在图 8.4 中，从七宫开始入手往八宫和九宫方向继续推理，九宫内有好几个黑白点，再结合排除法考虑不难突破，后面的步骤不再赘述。

难题详解 9　2015 年决赛第十七题——摩天楼数独

摩天楼数独：在空格内填入数字 1~9，使得每行、每列和每宫内数字均不重复。盘面外数字表示其对应的行列从这个方向可以看到的数字个数，盘面内数字表示不同层数的楼房，盘面外观看时高层楼房可以挡住低层的楼房。

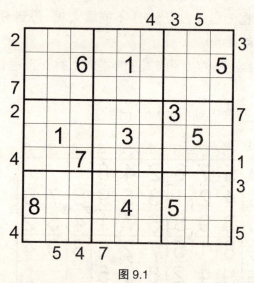

图 9.1

摩天楼数独通常来说周围的提示数数字是满的，但这道题目周围的提示数很少，这就需要深入挖掘每个提示数提供的条件。初步观察，本题周围的提示数有几个 7，这种较大的提示数在摩天楼数独中能提供比较强的限制线索。

通常来说在摩天楼数独中，大体遵循从数字 9 开始往小数字依次推理的原则。本题也不例外，由 F 行右侧的提示数 1 得到

F9=9。

利用 F9 格的 9 对三宫进行排除，再考虑 7 列和 8 列上方的提示数 3 和 5。使得三宫内的 9 只能在 C7 格。

利用 C7 和 F9 两格的 9 对九宫进行排除，再考虑九宫右侧的提示数 3、5，使九宫内的 9 只能在 H8 格。

考虑七宫周围的提示数 4、5，使得七宫内的数字 9 只能在 G1。

根据 4 列下方的提示数 7，可以得到 4 列的 9 只能在 A4 或 B4 格。根据 D 行右侧的提示数 7，可以得到 D 行的 9 在 D2 或 D3 格。根据这两个 9 的区块再结合 F9 格的 9 对五宫进行排除，得到 E6=9。

利用 A4 和 B4 格 9 的区块再结合 E6 和 G1 格的 9 对八宫进行排除，得到 I5=9。

利用 H1 格的 8 对四宫进行排除，由于 F 行左侧的提示数 4，使 F2 格不能填 8。又由于 D 行左侧的提示数 2，使 D2 格不能填 8。所以四宫内的 8 只能在 D3 和 E3 两格内。利用该区块继续对一宫进行排除，同理由于一宫左侧的提示数 2 和 7 使 A2 格和 C2 格都不能填 8，得到一宫的 8 只能填在 B2 格内。这时 B 行的 9 只能填在 B4。

观察七宫，利用 F3 格的 7 对七宫进行排除，再考虑七宫周围的提示数，得到七宫的 7 只能在 G2 格内。

根据以上步骤得到图 9.2 所示情形。

在图 9.2 中观察 A 行中 8 的位置，由于上方和后侧的提示数使得 8 不能出现在 A6、A7、A8 和 A9 这四格中，所以 A 行的 8 只能在 A4 或 A5 这两格中。利用这个 8 的区块再结合 B2 格的 8 对三宫进行排除，考虑 8 列上方的提示数 5 排除 C8 格内填 8 的可能，得到三宫中的 8 只能在 C9 格中。

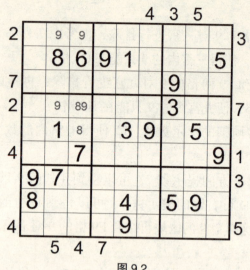

图 9.2

利用 G2 格的 7 对八宫进行排除，再考虑 4 列下面的提示数 7，则八宫内的 7 只能在 H6 或 I6 格，利用这个 7 的区块对二宫进行排除，再考虑 C 行左侧的 7 使 C4、C5 格不能填 7，得到二宫的 7 只能在 A4 和 A5 格。这样二宫的 7、8 都只能在这两格内了，考虑 A 行右侧的提示数 3 和 A 行的数字 9 在 7、8 的左侧，所以 A 行的 8 只能在 7 的右侧才能符合右侧提示数 3 的条件，如果 7 在 8 的右侧那么提示数必定大于 3。所以得到 A4=7、A5=8。

利用 A4、F3 格和八宫的区块 7 对五宫进行排除，得到 D5=7。再用 A4 格的 7 对一宫进行排除，考虑 C 行左侧的提示数 7，得到一宫的 7 只能在 B1 格。再对三宫进行排除，得到 C8=7。

观察 I 行数字 8 的位置，由于 I 行右侧的提示数为 5，而 I 行前 4 格内也不能出现 8，所以 I 行的 8 只能在 I6 格内。带出八宫内的 7 在 H6 格。

观察 I 行 7 的位置，可以得到 7 只能在 I7 格，带出六宫的 7 在 E9 格。

　　利用 B3 格的 6 对七宫进行排除，再考虑 I 行左侧的提示数 4，得到七宫内的 6 只能在 H2 格内。

　　观察 C 行左侧的提示数，由于 C 行数字 7、8、9 都已经出来了，且数字 9 出现在从左侧数第 7 格，所以左侧这 6 格数字必须依次增大才能符合左侧提示数 7 的条件。这样就得到 C1=1、C2=2、C3=3、C4=4、C5=5、C6=6。

　　根据以上步骤得到图 9.3 所示情形。

图 9.3

　　在图 9.3 中，二宫剩余数字 2、3 的排列根据上方提示数 4 可以定位，得到 A6=2、B6=3。

　　这时 B 行剩余空格 B7 和 B8 内为 2、4 数对。则三宫上面三个空格 A7、A8 和 A9 只剩数组 1、3、6。根据右侧的提示数 3，可以推出这三个数字中最大的一个应该在最右侧，得到 A9=6，再利用 D7 格的 3 排除，得到 A8=3、A7=1。

　　利用 8 列上方的提示数 5 和 A8 格的 3 可以判断出 B8 格是 2 或是 4，得到 B7=2、B8=4。

观察 D 行右侧的提示数 7，由于 D5 格是 7，所以可以判断出，D5 格右面的 4 个格从右往左依次增大。又由于 D7 格是 3，所以其右面的 D9 只能是 1，D8 只能是 2。

观察四宫内数字 3 的位置，只能在 F1 或 F2 格内，再考虑 F 行右侧提示数 4，如果 3 在 F1 格，则 F2 格内数字需要比 3 小才可以，但这时数字 1、2 都已经不能填入 F2，所以四宫内的 3 只能在 F2 格。再利用排除法带出七宫的 3 在 I1 格。

观察 1 列中数字 2 的位置，由于 F1 格内如果填 2 则与左侧提示数 4 不符，所以 1 列中的 2 只能在 E1 格内。

观察 4 列下方的提示数 7，可以判断出 4 列下方的 6 个数字应从下到上依次增大，所以得到 I4=1、H4=2、G4=3、F4=5、E4=6、D4=8。

上述数字全部填上后，后面没有难度大的步骤，根据排除法和盘面外提示条件很容易全部填出，步骤不再赘述。

难题详解 10　2015 年决赛第十九题——方向数独

方向数独：在空格内填入数字 1~9，使得每行、每列和每宫内数字均不重复。盘面外箭头表示其对应位置的盘面边缘三格内数字的大小关系，标出箭头的三格内数字朝着箭头方向依次增大，没标箭头的位置说明这三个数字不是依次递增或递减。

方向数独是根据盘面外箭头条件，对其对应的三格内数字大小进行排序的变型数独，需要注意的是方向数独也是全标类数独，给定箭头方向的三格内数字大小依次增大，没有给定箭头的三格内数字大小一定不会依次增大或减小。盘面内除了五宫没有受到箭头影响，其他宫全部受到方向箭头的约束，尤其是一宫、三宫、七宫和九宫这 4 个宫，同时受到了两个方向上箭头的影响，使得条件较多，通常也先从这 4 个宫入手开始推理。由于题目给的箭头线索是大小排序类型的，开始使用这些线索时通常先从最大数字 9 或最小数字 1 着手。

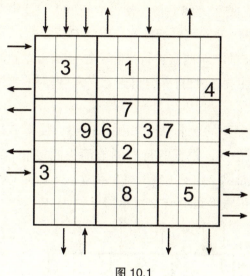

图 10.1

本题先从一宫入手，由于一宫周围方向箭头条件较多，很容易找到一宫 9 的位置，C1=9。结合四宫的 E3=9 对七宫进行排除，得到 I2=9。再对九宫进行排除，由于九宫的 7、9 两列下面都是向下指向的箭头，所以九宫的 9 只能在 G8 格。这时再观察 5 列，利用排除法 5 列的 9 只能在 A5 格。

再看一宫的数字 1，一宫的 1 根据周围箭头方向所指，只能在 A1 格。再对七宫进行排除，结合七宫周围的箭头，七宫的 1 只能在 I3 格。再对四宫进行排除，结合四宫左侧的两个箭头，四宫的 1 只能在 E2 格。

由于数字 1 和 9 已经推理出了几个，剩下的根据目前的条件不足以定位。这时可以在已经出现 1 或 9 的宫里继续找次小的数字 2 或次大的数字 8。

观察九宫周围的箭头，不难找到数字 8 只能在 I9 格内。再结合 H5 格的 8 对七宫进行排除，得到 G3=8。

观察 E 行右侧的箭头会发现 E8 和 E9 两格内肯定不能填 8，又由于 E5 格被 H5 格的 8 排除，使得 E 行的 8 只能填在 E1 格内。再结合 G3 格的 8 对一宫进行排除，得到 C2=8。

利用 D5 格的 7 对四宫进行排除，结合四宫左侧的箭头，得到 F1=7。再对一宫进行排除，得到 C3=7。再对七宫进行排除，得到 H2=7。

考虑 E 行剩下的 3 个空格，由于 F5=2，使得 E 行的 2 只能在 E8 或 E9 两格内，根据 E 行右侧的箭头确定 E9=2。再用 H8 格的 5 对 E 行排除，得到 E5=5、E8=4。

根据以上步骤得到图 10.2 所示情形。

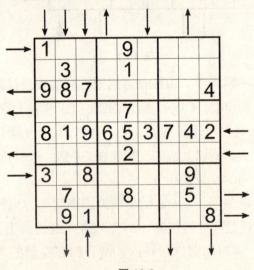

图 10.2

在图 10.2 中，利用 F5 格的 2 对四宫进行排除，再结合四宫左侧的箭头得到 D3=2。再对七宫进行排除，考虑七宫左侧箭头排除 G2 填 2 的可能性，七宫内的 2 只能在 H1 或 I1 两个格内，利用这个区块再对一宫进行排除，得到 A2=2。

利用 B2 和 G1 两格的 3 对四宫进行排除得到 F3=3。

利用 C2 格的 8 对二宫进行排除，再结合二宫上面的箭头条件，得到 A4=8。

利用 C3 格的 7 对二宫进行排除，再结合二宫上面的箭头条件，得到 B4=7。

利用 C9 格的 4 对二宫进行排除可以得到二宫的 4 只能在 A6 或 B6 两格内，如果 4 在 B6 格根据上方的箭头条件，A6 格内数字必须小于 4，但此时 A6 格数字 1、2、3 均不能填，因此二宫的 4 只能在 A6 格内。这时根据 6 列上面的箭头得到 B6=5、C6=6。再用 F5 格的 2 对二宫进行排除，得到 C4=2、C5=3。

利用 H8 格的 5 对 C 行进行排除，得到 C7=5 和 C8=1。

利用 B6 格的 5 对一宫进行排除，得到 A3=5，再考虑 3 列上面的箭头条件得到 B3=6，带出 B1=4 和 H3=4。

观察 B 行和 9 列，得到 B9 格唯余填 9。再考虑 8 列上方的箭头，使 B8 不能填 8，得到 B7=8 和 B8=2。

根据以上步骤得到图 10.3 所示情形。

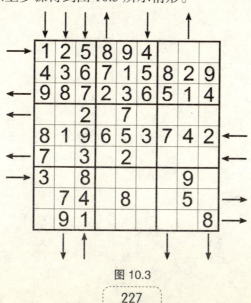

图 10.3

在图 10.3 中，发现 8 列和 9 列均有数字 2、4，对九宫进行排除，可知九宫的 2、4 只能在 G7、H7 和 I7 这三格内，根据 7 列下方的箭头可知 4 一定在 2 的下面，又根据 H3 格的 4 排除掉 H7 格填 4 的可能，所以九宫的 4 只能在 I7 格内。再对 5 列进行排除，得到 G5=4、I5=6。

观察 H 行右侧的箭头可知 H9 格内数字比 H8 格内的 5 大，但 H9 格现在已经不能填 7、8、9 了，所以 H9=6。再对七宫进行排除，得到 G2=6。再对四宫进行排除，得到 D1=6。

利用 H8 格的 5 对七宫进行排除，得到 I1=5 和 G1=2。

接下来利用排除法陆续得出九宫、六宫、八宫内数字即可解出该题，步骤不再赘述。

第 5 章

2014 年、2015 年选拔赛答案

2014 年初赛第一轮赛题

第一题

7	2	3	4	8	1	5	6	9
9	6	4	2	3	5	7	8	1
8	1	5	7	6	9	2	3	4
2	5	1	8	7	6	4	9	3
4	7	9	1	5	3	8	2	6
3	8	6	9	2	4	1	7	5
5	3	7	6	4	8	9	1	2
1	4	2	3	9	7	6	5	8
6	9	8	5	1	2	3	4	7

第二题

5	4	8	3	9	2	6	7	1
9	7	2	1	4	6	8	5	3
1	3	6	7	5	8	9	4	2
3	8	5	2	1	9	7	6	4
6	9	4	8	7	3	2	1	5
7	2	1	4	6	5	3	8	9
4	1	3	6	2	7	5	9	8
8	5	7	9	3	4	1	2	6
2	6	9	5	8	1	4	3	7

第三题

7	5	3	2	6	1	8	9	4
1	9	2	4	8	5	6	3	7
4	6	8	7	9	3	1	5	2
3	7	9	8	4	6	2	1	5
2	4	6	5	1	7	3	8	9
5	8	1	3	2	9	4	7	6
6	1	7	9	3	2	5	4	8
9	2	4	1	5	8	7	6	3
8	3	5	6	7	4	9	2	1

第四题

3	6	4	1	8	2	7	5	9
7	9	5	4	3	6	2	8	1
1	8	2	7	5	9	3	4	6
9	5	6	8	2	7	4	1	3
8	2	3	6	1	4	9	7	5
4	1	7	3	9	5	6	2	8
5	4	9	2	6	1	8	3	7
2	3	1	9	7	8	5	6	4
6	7	8	5	4	3	1	9	2

第五题

3	1	6	2	9	8	4	7	5
4	7	9	3	5	6	1	8	2
8	2	5	1	7	4	9	6	3
2	4	1	9	6	7	3	5	8
6	8	3	5	1	2	7	9	4
5	9	7	8	4	3	2	1	6
1	6	4	7	3	5	8	2	9
9	3	2	6	8	1	5	4	7
7	5	8	4	2	9	6	3	1

第六题

9	3	7	8	4	6	2	1	5
1	2	8	5	7	9	6	3	4
6	5	4	3	2	1	9	7	8
5	8	6	9	3	4	7	2	1
7	9	2	1	6	5	4	8	3
4	1	3	2	8	7	5	9	6
8	7	9	4	5	3	1	6	2
2	6	5	7	1	8	3	4	9
3	4	1	6	9	2	8	5	7

第七题

7	6	9	3	1	4	5	8	2
3	4	2	9	8	5	1	7	6
8	5	1	7	2	6	9	4	3
5	9	4	6	7	8	3	2	1
6	3	8	1	9	2	7	5	4
2	1	7	5	4	3	6	9	8
1	2	3	4	5	7	8	6	9
9	8	5	2	6	1	4	3	7
4	7	6	8	3	9	2	1	5

第八题

5	4	7	1	6	3	9	2	8
9	6	8	4	2	5	1	7	3
2	3	1	8	9	7	4	5	6
3	8	6	5	7	4	2	1	9
1	5	9	6	8	2	7	3	4
4	7	2	3	1	9	8	6	5
6	2	4	9	5	1	3	8	7
7	9	5	2	3	8	6	4	1
8	1	3	7	4	6	5	9	2

第九题

6	4	7	3	5	8	2	9	1
2	3	9	6	1	4	5	8	7
8	5	1	7	9	2	3	6	4
1	6	8	2	4	5	7	3	9
7	2	5	1	3	9	6	4	8
4	9	3	8	7	6	1	2	5
9	7	2	5	8	3	4	1	6
5	8	6	4	2	1	9	7	3
3	1	4	9	6	7	8	5	2

第十题

8	1	6	9	7	2	5	3	4
3	5	7	4	6	1	2	9	8
9	2	4	8	3	5	7	6	1
5	6	2	1	4	9	8	7	3
4	7	9	6	8	3	1	5	2
1	3	8	2	5	7	6	4	9
6	9	3	7	1	8	4	2	5
7	8	5	3	2	4	9	1	6
2	4	1	5	9	6	3	8	7

2014 年初赛第二轮赛题

第一题

5	1	2	6	4	3
3	4	6	1	5	2
2	6	3	4	1	5
4	5	1	2	3	6
1	2	5	3	6	4
6	3	4	5	2	1

第二题

3	5	1	4	6	2
6	2	4	1	3	5
2	4	6	3	5	1
5	1	3	6	2	4
1	3	5	2	4	6
4	6	2	5	1	3

第三题

6	4	2	5	3	1
3	5	1	6	2	4
1	2	4	3	5	6
5	3	6	1	4	2
4	1	5	2	6	3
2	6	3	4	1	5

第四题

1

2	5	4	6	1	2	3	2
	1	3	2	5	4	6	1
3	3	5	1	2	6	4	
	2	6	4	3	5	1	3
2	4	2	3	6	1	5	
1	6	1	5	4	3	2	5

2

第五题

1	2	9	6	7	8	4	5	3
6	4	3	1	5	2	9	8	7
8	7	5	3	9	4	6	1	2
4	5	1	2	3	9	7	6	8
3	9	7	8	1	6	2	4	5
2	8	6	7	4	5	3	9	1
5	6	2	9	8	3	1	7	4
9	1	8	4	2	7	5	3	6
7	3	4	5	6	1	8	2	9

第六题

9	7	3	5	4	8	1	2	6
5	4	6	3	2	1	8	9	7
2	8	1	9	6	7	3	5	4
4	2	5	7	8	3	9	6	1
7	6	8	2	1	9	5	4	3
1	3	9	4	5	6	7	8	2
3	9	2	6	7	5	4	1	8
8	5	4	1	3	2	6	7	9
6	1	7	8	9	4	2	3	5

第七题

1	2	7	6	3	9	8	4	5
5	8	6	7	4	2	1	3	9
4	3	9	5	8	1	2	7	6
3	9	5	2	1	6	4	8	7
8	6	2	3	7	4	5	9	1
7	4	1	8	9	5	3	6	2
9	7	8	1	5	3	6	2	4
6	5	3	4	2	7	9	1	8
2	1	4	9	6	8	7	5	3

第八题

1	5	4	6	3	2	9	8	7
6	2	7	8	9	5	1	3	4
9	8	3	1	7	4	5	2	6
3	4	5	2	6	9	8	7	1
8	9	6	4	1	7	2	5	3
7	1	2	3	5	8	6	4	9
4	7	1	5	8	6	3	9	2
5	3	9	7	2	1	4	6	8
2	6	8	9	4	3	7	1	5

第九题

2	7	9	5	6	8	3	1	4
4	8	6	2	1	3	5	7	9
3	5	1	9	7	4	6	2	8
8	6	5	3	4	1	7	9	2
1	2	3	7	5	9	4	8	6
7	9	4	8	2	6	1	5	3
5	4	2	6	8	7	9	3	1
6	3	7	1	9	2	8	4	5
9	1	8	4	3	5	2	6	7

第十题

2	6	7	8	5	4	3	9	1
4	1	3	7	9	6	5	2	8
5	8	9	3	2	1	6	4	7
7	5	1	2	8	9	4	6	3
6	9	8	4	7	3	2	1	5
3	4	2	1	6	5	8	7	9
8	2	5	6	1	7	9	3	4
1	3	6	9	4	8	7	5	2
9	7	4	5	3	2	1	8	6

2014 年初赛第三轮赛题

第一题

2	4	3	1	6	5
1	5	6	4	2	3
6	2	4	5	3	1
3	1	5	2	4	6
5	6	2	3	1	4
4	3	1	6	5	2

第二题

(10) 4	6	(6) 1	5	(9) 2	3
(5) 2	3	(7) 5	(4) 1	4	(15) 6
(9) 6	(6) 1	2	3	5	4
3	5	(12) 4	2	(7) 6	1
(6) 1	(9) 2	6	(13) 4	3	(8) 5
5	4	3	6	1	2

第三题

1	5	6	2	4	3
2	6	5	1	3	4
6	3	2	4	1	5
3	2	4	6	5	1
5	4	1	3	2	6
4	1	3	5	6	2

第四题

1	2	6	3	5	4
4	3	5	2	6	1
5	4	2	6	1	3
6	1	3	5	4	2
2	6	1	4	3	5
3	5	4	1	2	6

第五题

7	9	5	3	6	2	1	4	8
2	1	8	9	4	5	7	3	6
3	6	4	7	1	8	9	5	2
9	2	7	4	5	6	3	8	1
4	5	6	1	8	3	2	7	9
1	8	3	2	7	9	4	6	5
5	3	1	8	9	7	6	2	4
8	7	9	6	2	4	5	1	3
6	4	2	5	3	1	8	9	7

第六题

5	3	6	9	4	7	1	8	2
2	1	9	8	3	6	5	7	4
8	7	4	5	1	2	3	9	6
6	5	1	4	8	9	2	3	7
3	4	7	6	2	1	9	5	8
9	8	2	3	7	5	4	6	1
4	9	5	1	6	8	7	2	3
1	2	8	7	5	3	6	4	9
7	6	3	2	9	4	8	1	5

第七题

2	6	3	9	1	4	7	8	5
1	9	5	7	6	8	2	4	3
7	8	4	3	2	5	6	1	9
4	1	2	6	5	9	3	7	8
9	5	7	8	4	3	1	2	6
6	3	8	1	7	2	5	9	4
5	2	6	4	9	7	8	3	1
8	7	9	5	3	1	4	6	2
3	4	1	2	8	6	9	5	7

第八题

8	1	2	7	3	9	5	6	4
4	6	7	8	5	2	1	9	3
5	9	3	6	4	1	2	8	7
1	2	9	4	8	5	3	7	6
3	7	5	9	1	6	8	4	2
6	8	4	2	7	3	9	1	5
7	5	1	3	6	8	4	2	9
2	4	8	5	9	7	6	3	1
9	3	6	1	2	4	7	5	8

第九题

9	3	6	5	8	7	1	4	2
2	8	1	4	7	6	5	3	9
1	2	4	3	9	5	7	8	6
6	5	7	2	1	3	8	9	4
7	4	5	9	2	8	3	6	1
3	9	8	1	4	2	6	5	7
4	7	3	6	5	1	9	2	8
5	1	2	8	6	9	4	7	3
8	6	9	7	3	4	2	1	5

第十题

5	3	1	6	8	9	4	7	2
7	9	4	2	5	1	3	8	6
8	2	6	4	3	7	5	9	1
3	4	5	8	1	6	7	2	9
6	7	2	5	9	3	1	4	8
9	1	8	7	2	4	6	3	5
4	5	7	9	6	8	2	1	3
2	8	3	1	7	5	9	6	4
1	6	9	3	4	2	8	5	7

2014 年复赛第一轮赛题

第一题

2	6	8	7	1	5	9	4	3
3	4	5	6	8	9	7	1	2
9	1	7	3	4	2	5	6	8
1	3	6	9	7	8	2	5	4
7	2	9	5	6	4	8	3	1
8	5	4	1	2	3	6	9	7
6	7	2	4	5	1	3	8	9
5	9	1	8	3	7	4	2	6
4	8	3	2	9	6	1	7	5

第二题

7	5	2	4	9	6	1	3	8
6	8	4	5	3	1	9	2	7
1	9	3	8	2	7	4	6	5
4	6	5	7	1	3	2	8	9
9	1	8	2	4	5	3	7	6
3	2	7	6	8	9	5	4	1
5	4	6	9	7	2	8	1	3
8	3	9	1	6	4	7	5	2
2	7	1	3	5	8	6	9	4

第三题

1	7	8	9	3	5	4	2	6
6	3	2	4	1	8	7	9	5
4	9	5	2	7	6	8	1	3
3	5	6	7	2	1	9	4	8
2	8	4	3	6	9	5	7	1
7	1	9	8	5	4	3	6	2
9	2	7	6	8	3	1	5	4
5	6	3	1	4	7	2	8	9
8	4	1	5	9	2	6	3	7

第四题

4	3	6	8	5	7	1	2	9
1	2	7	6	4	9	3	5	8
9	5	8	3	1	2	6	4	7
7	6	9	5	2	4	8	3	1
5	4	1	9	3	8	7	6	2
3	8	2	1	7	6	5	9	4
6	9	4	7	8	3	2	1	5
8	1	3	2	9	5	4	7	6
2	7	5	4	6	1	9	8	3

第五题

1	5	2	8	6	9	7	4	3
8	4	7	1	3	2	5	6	9
9	3	6	4	5	7	1	8	2
6	1	3	9	4	5	8	2	7
4	7	9	3	2	8	6	5	1
2	8	5	7	1	6	9	3	4
7	9	4	5	8	3	2	1	6
3	6	8	2	9	1	4	7	5
5	2	1	6	7	4	3	9	8

第六题

6	7	9	5	4	3	1	8	2
8	2	3	7	6	1	4	9	5
4	1	5	8	2	9	3	6	7
5	9	1	4	7	2	8	3	6
7	3	6	1	5	8	9	2	4
2	4	8	9	3	6	5	7	1
1	6	4	3	8	7	2	5	9
3	5	2	6	9	4	7	1	8
9	8	7	2	1	5	6	4	3

第七题

8	6	7	3	1	9	2	5	4
1	5	2	7	8	4	6	9	3
4	3	9	5	6	2	7	8	1
6	7	8	2	9	3	1	4	5
3	2	1	6	4	5	9	7	8
5	9	4	1	7	8	3	6	2
7	4	6	8	2	1	5	3	9
2	8	5	9	3	7	4	1	6
9	1	3	4	5	6	8	2	7

第八题

8	6	9	1	2	7	4	5	3
4	5	2	9	6	3	1	7	8
7	3	1	5	8	4	9	2	6
1	7	8	2	3	9	5	6	4
5	4	6	7	1	8	2	3	9
2	9	3	4	5	6	8	1	7
3	1	4	8	7	2	6	9	5
6	8	5	3	9	1	7	4	2
9	2	7	6	4	5	3	8	1

2014 年复赛第二轮赛题

第一题

6	3	5	8	4	9	7	2	1
7	9	2	1	5	6	4	8	3
4	8	1	2	7	3	6	5	9
2	1	3	5	9	4	8	6	7
9	5	6	7	3	8	2	1	4
8	7	4	6	2	1	3	9	5
3	2	8	9	1	7	5	4	6
1	6	7	4	8	5	9	3	2
5	4	9	3	6	2	1	7	8

第二题

5	2	9	8	1	4	6	3	7
4	8	3	2	7	6	9	1	5
7	1	6	5	9	3	2	4	8
8	3	2	4	5	1	7	9	6
9	7	4	3	6	8	1	5	2
6	5	1	9	2	7	3	8	4
2	6	5	1	4	9	8	7	3
1	4	8	7	3	2	5	6	9
3	9	7	6	8	5	4	2	1

第三题

6	2	1	8	4	9	5	3	7
5	8	9	7	6	3	4	1	2
7	3	4	5	1	2	6	8	9
9	1	7	3	8	4	2	5	6
8	4	3	6	2	5	9	7	1
2	6	5	9	7	1	3	4	8
3	7	2	1	5	6	8	9	4
1	9	6	4	3	8	7	2	5
4	5	8	2	9	7	1	6	3

第四题

3	6	7	8	4	2	5	9	1
1	4	9	3	5	6	7	8	2
8	2	5	7	9	1	3	4	6
4	9	2	5	3	7	6	1	8
5	1	8	4	6	9	2	7	3
6	7	3	1	2	8	4	5	9
7	3	1	2	8	5	9	6	4
9	5	4	6	1	3	8	2	7
2	8	6	9	7	4	1	3	5

第五题

5	4	2	1	8	9	3	6	7
8	3	1	6	7	4	5	9	2
9	7	6	2	5	3	1	4	8
3	5	8	9	4	7	6	2	1
2	1	7	8	6	5	9	3	4
6	9	4	3	2	1	7	8	5
4	6	3	7	1	2	8	5	9
7	2	9	5	3	8	4	1	6
1	8	5	4	9	6	2	7	3

第六题

9	5	8	7	2	3	1	4	6
4	1	2	6	9	5	3	7	8
7	6	3	4	1	8	9	2	5
2	8	6	9	5	1	7	3	4
3	7	5	2	6	4	8	9	1
1	4	9	3	8	7	5	6	2
8	9	4	5	7	6	2	1	3
6	2	1	8	3	9	4	5	7
5	3	7	1	4	2	6	8	9

第七题

7	1	2	6	4	3	8	5	9
5	8	9	7	1	2	3	6	4
6	3	4	8	9	5	1	2	7
8	7	3	2	6	9	5	4	1
4	6	5	3	7	1	9	8	2
9	2	1	5	8	4	6	7	3
1	4	6	9	2	8	7	3	5
2	5	7	1	3	6	4	9	8
3	9	8	4	5	7	2	1	6

第八题

9	5	8	6	4	1	2	3	7
6	3	1	7	9	2	4	8	5
7	2	4	3	8	5	9	6	1
1	8	5	4	6	9	7	2	3
3	9	6	5	2	7	8	1	4
4	7	2	8	1	3	6	5	9
2	1	7	9	5	6	3	4	8
8	6	3	1	7	4	5	9	2
5	4	9	2	3	8	1	7	6

2014 年复赛第三轮赛题

第一题

4	8	9	7	1	3	6	2	5
2	6	3	8	9	5	4	1	7
5	7	1	2	4	6	9	3	8
7	2	4	9	3	8	5	6	1
3	9	5	6	2	1	7	8	4
8	1	6	4	5	7	3	9	2
1	5	7	3	6	2	8	4	9
9	3	8	1	7	4	2	5	6
6	4	2	5	8	9	1	7	3

第二题

1	8	5	6	3	7	4	2	9
6	7	9	2	4	1	8	5	3
4	3	2	5	9	8	7	1	6
7	9	6	1	2	3	5	8	4
2	4	3	8	5	6	9	7	1
8	5	1	4	7	9	3	6	2
5	6	4	9	8	2	1	3	7
3	1	8	7	6	4	2	9	5
9	2	7	3	1	5	6	4	8

第三题

5	2	7	9	3	8	6	4	1
4	1	8	6	5	2	7	3	9
3	6	9	7	4	1	5	8	2
8	7	1	2	6	5	4	9	3
9	3	5	8	7	4	1	2	6
6	4	2	3	1	9	8	7	5
7	8	6	5	9	3	2	1	4
1	5	3	4	2	7	9	6	8
2	9	4	1	8	6	3	5	7

第四题

9	2	7	1	6	5	3	4	8
5	3	6	2	8	4	9	7	1
8	4	1	9	7	3	5	2	6
2	7	5	8	4	6	1	3	9
6	9	4	3	1	2	7	8	5
3	1	8	7	5	9	4	6	2
1	5	2	4	3	8	6	9	7
4	6	9	5	2	7	8	1	3
7	8	3	6	9	1	2	5	4

第五题

2	3	9	7	6	5	1	4	8
1	7	8	2	4	3	9	5	6
4	5	6	1	9	8	2	7	3
5	8	4	3	1	9	6	2	7
3	9	1	6	2	7	4	8	5
6	2	7	8	5	4	3	1	9
9	4	3	5	7	2	8	6	1
8	1	5	4	3	6	7	9	2
7	6	2	9	8	1	5	3	4

第六题

9	6	7	4	1	8	3	5	2
4	3	8	5	6	2	1	7	9
5	2	1	7	9	3	6	8	4
8	1	4	9	3	6	7	2	5
2	5	3	8	4	7	9	1	6
7	9	6	1	2	5	4	3	8
1	7	5	6	8	4	2	9	3
6	8	2	3	7	9	5	4	1
3	4	9	2	5	1	8	6	7

第七题

	1	4	3	2	4	2	3	3	2	
1	9	5	2	4	3	8	7	6	1	5
5	3	6	7	2	5	1	8	4	9	1
2	8	1	4	9	7	6	5	3	2	6
4	4	3	5	1	6	9	2	8	7	3
3	7	2	1	8	4	5	6	9	3	2
3	6	8	9	7	2	3	1	5	4	4
3	5	7	6	3	1	4	9	2	8	2
4	2	4	8	5	9	7	3	1	6	3
2	1	9	3	6	8	2	4	7	5	4
	7	1	3	4	2	3	2	2	4	

第八题

8	7	4	5	3	9	1	6	2
1	5	9	6	2	4	7	8	3
6	2	3	1	7	8	9	4	5
7	1	6	4	9	5	2	3	8
2	9	8	7	6	3	4	5	1
4	3	5	2	8	1	6	7	9
5	8	7	9	4	2	3	1	6
3	6	2	8	1	7	5	9	4
9	4	1	3	5	6	8	2	7

2014 年复赛第四轮赛题

第一题

3	1	6	5	8	9	7	2	4
9	8	7	2	1	3	4	5	6
4	6	9	8	5	2	1	3	7
1	2	3	4	7	5	9	6	8
5	7	4	6	3	1	8	9	2
6	4	1	9	2	8	3	7	5
7	5	2	3	9	4	6	8	1
2	9	8	1	6	7	5	4	3
8	3	5	7	4	6	2	1	9

第二题

1	6	2	4	8	9	7	5	3
5	3	4	2	6	7	1	9	8
8	7	9	5	1	3	2	6	4
6	1	3	9	2	4	8	7	5
4	5	7	6	3	8	9	1	2
9	2	8	1	7	5	3	4	6
2	4	5	8	9	1	6	3	7
3	8	1	7	4	6	5	2	9
7	9	6	3	5	2	4	8	1

第三题

5	8	3	9	1	7	6	4	2
2	4	7	6	8	3	9	1	5
1	9	6	5	4	2	3	7	8
7	3	9	4	5	1	2	8	6
8	5	2	7	3	6	4	9	1
4	6	1	2	9	8	7	5	3
6	7	8	1	2	9	5	3	4
3	2	4	8	7	5	1	6	9
9	1	5	3	6	4	8	2	7

第四题

3	2	1	9	6	4	5	7	8
6	7	8	2	1	5	3	4	9
9	5	4	3	7	8	1	6	2
7	8	3	6	5	9	4	2	1
5	6	2	4	8	1	9	3	7
1	4	9	7	2	3	6	8	5
8	1	6	5	4	7	2	9	3
2	9	7	1	3	6	8	5	4
4	3	5	8	9	2	7	1	6

第五题

9	2	1	5	6	4	7	8	3
8	4	3	1	2	7	5	6	9
5	7	6	8	3	9	4	2	1
7	3	4	2	1	8	9	5	6
6	1	5	9	4	3	8	7	2
2	9	8	6	7	5	1	3	4
1	5	2	4	8	6	3	9	7
4	8	7	3	9	2	6	1	5
3	6	9	7	5	1	2	4	8

第六题

2	1	7	4	5	9	3	6	8
8	9	6	2	3	7	4	1	5
4	3	5	8	1	6	9	2	7
9	4	1	7	2	8	5	3	6
3	5	2	9	6	1	8	7	4
6	7	8	3	4	5	1	9	2
5	6	9	1	8	2	7	4	3
7	2	4	5	9	3	6	8	1
1	8	3	6	7	4	2	5	9

第七题

6	1	9	7	8	4	3	5	2
4	5	2	3	1	6	8	9	7
7	8	3	2	5	9	4	1	6
2	9	8	5	3	7	1	6	4
5	6	7	4	9	1	2	3	8
3	4	1	6	2	8	9	7	5
9	3	4	8	6	5	7	2	1
1	7	6	9	4	2	5	8	3
8	2	5	1	7	3	6	4	9

第八题

7	5	3	6	1	9	4	2	8
2	8	6	3	7	4	9	5	1
4	1	9	5	2	8	6	3	7
1	9	5	8	4	6	2	7	3
8	4	7	2	9	3	5	1	6
3	6	2	7	5	1	8	4	9
6	2	4	9	3	7	1	8	5
9	7	1	4	8	5	3	6	2
5	3	8	1	6	2	7	9	4

2014 年决赛赛题

第一题

4	9	7	3	5	2	8	1	6
1	3	6	8	4	7	5	2	9
5	2	8	9	6	1	4	7	3
3	6	5	1	7	8	9	4	2
8	4	1	2	9	6	7	3	5
2	7	9	4	3	5	1	6	8
9	1	2	7	8	3	6	5	4
7	5	4	6	2	9	3	8	1
6	8	3	5	1	4	2	9	7

第二题

4	5	6	8	2	9	1	7	3
7	2	8	1	3	5	4	9	6
3	9	1	4	6	7	8	5	2
8	7	2	3	9	4	5	6	1
5	6	9	7	8	1	3	2	4
1	4	3	2	5	6	9	8	7
9	1	4	5	7	2	6	3	8
2	8	5	6	4	3	7	1	9
6	3	7	9	1	8	2	4	5

第三题

2	4	1	9	3	8	6	7	5
6	7	3	1	5	2	9	8	4
5	8	9	7	6	4	2	3	1
4	9	8	6	2	7	5	1	3
7	5	6	3	8	1	4	9	2
1	3	2	5	4	9	8	6	7
8	6	7	4	1	5	3	2	9
9	2	4	8	7	3	1	5	6
3	1	5	2	9	6	7	4	8

第四题

1	6	4	5	2	3	8	9	7
3	9	7	6	8	1	4	2	5
2	5	8	9	4	7	1	6	3
4	8	9	1	3	2	7	5	6
7	1	6	4	9	5	3	8	2
5	3	2	7	6	8	9	1	4
8	4	1	3	5	6	2	7	9
6	7	3	2	1	9	5	4	8
9	2	5	8	7	4	6	3	1

第五题

7	3	5	2	6	4	8	9	1
8	6	4	9	3	1	2	7	5
2	9	1	8	7	5	3	4	6
4	5	2	7	1	8	9	6	3
3	8	6	5	9	2	7	1	4
1	7	9	3	4	6	5	2	8
6	2	7	4	8	3	1	5	9
9	4	8	1	5	7	6	3	2
5	1	3	6	2	9	4	8	7

第六题

3	7	9	4	5	1	8	6	2
6	2	1	7	8	3	4	9	5
8	4	5	6	2	9	3	7	1
7	1	3	2	4	6	5	8	9
9	5	2	8	1	7	6	3	4
4	6	8	3	9	5	1	2	7
5	3	6	9	7	4	2	1	8
1	8	7	5	3	2	9	4	6
2	9	4	1	6	8	7	5	3

第七题

```
   14 105 360 210 27 14  4 960 180
   4 3 1 8 9 2 7 5 6   270
   2 8 7 3 5 6 4 1 9   216
   9 6 5 1 7 4 3 8 2   40
   3 5 4 7 2 1 6 9 8   35
   1 2 8 6 3 9 5 7 4   96
   7 9 6 4 8 5 1 2 3   7
   8 1 2 5 6 3 9 4 7   20
   6 4 9 2 1 7 8 3 5   630
   5 7 3 9 4 8 2 6 1   42
```

第八题

第九题

```
6 8 2 1 5 3 7 9 4
8 5 7 4 6 9 1 2 3
4 1 6 3 2 8 5 7 9
3 7 1 8 4 5 9 6 2
5 9 4 7 6 2 3 8 1
9 6 3 2 8 1 4 5 7
2 3 8 5 9 7 6 4 1
1 2 9 6 7 4 3 8 5
7 4 5 9 3 2 8 1 6
```

第十题

第十一题

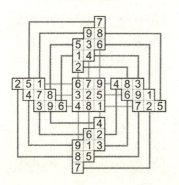

第十二题

```
7 2 5 1 6 8 3 9 4
4 3 1 9 8 5 7 6 2
9 5 7 2 1 4 6 3 8
3 8 4 6 5 9 1 2 7
2 7 6 8 9 3 4 5 1
8 1 9 4 2 6 5 7 3
5 6 2 3 7 1 8 4 9
6 4 8 7 3 2 9 1 5
1 9 3 5 4 7 2 8 6
```

第十三题

8	3	4	7	2	5	6	9	1
2	9	7	6	4	1	8	3	5
1	6	5	3	8	9	2	4	7
6	7	1	2	9	4	3	5	8
5	2	3	1	6	8	4	7	9
9	4	8	5	7	3	1	2	6
4	5	9	8	1	2	7	6	3
3	8	6	4	5	7	9	1	2
7	1	2	9	3	6	5	8	4

第十四题

9	5	4	8	6	2	7	1	3
7	6	3	4	1	9	5	8	2
2	8	1	5	3	7	9	4	6
1	4	9	6	5	8	3	2	7
8	3	2	7	9	4	6	5	1
6	7	5	3	2	1	4	9	8
4	2	8	9	7	6	1	3	5
5	9	7	1	8	3	2	6	4
3	1	6	2	4	5	8	7	9

第十五题

8	4	7	6	3	9	2	1	5
2	9	3	1	7	5	8	4	6
6	1	5	2	8	4	3	7	9
9	8	4	7	5	1	6	2	3
3	5	6	8	4	2	7	9	1
7	2	1	3	9	6	4	5	8
1	3	9	4	2	8	5	6	7
4	6	8	5	1	7	9	3	2
5	7	2	9	6	3	1	8	4

第十六题

4	3	6	1	7	8	2	9	5
9	7	8	2	4	5	6	3	1
1	5	2	3	6	9	7	8	4
7	9	3	8	1	6	4	5	2
8	4	1	7	5	2	9	6	3
2	6	5	9	3	4	1	7	8
5	2	9	4	8	7	3	1	6
3	8	4	6	9	1	5	2	7
6	1	7	5	2	3	8	4	9

第十七题

9	2	7	3	6	5	8	1	4
5	1	3	7	8	4	6	9	2
6	8	4	9	1	2	3	7	5
4	7	5	2	3	9	1	8	6
8	6	9	5	4	1	2	3	7
2	3	1	8	7	6	5	4	9
1	5	2	4	9	3	7	6	8
3	4	8	6	2	7	9	5	1
7	9	6	1	5	8	4	2	3

第十八题

6	2	8	5	9	4	7	1	3
5	9	1	6	7	3	2	8	4
7	3	4	2	1	8	5	9	6
2	6	7	1	3	9	4	5	8
1	5	9	4	8	2	6	3	7
4	8	3	7	5	6	1	2	9
8	7	2	3	4	5	9	6	1
9	4	6	8	2	1	3	7	5
3	1	5	9	6	7	8	4	2

第十九题

7	9	1	4	6	2	5	8	3
2	3	6	7	5	8	9	4	1
5	4	8	9	3	1	7	2	6
9	8	7	6	4	3	2	1	5
4	2	3	1	7	5	8	6	9
6	1	5	2	8	9	4	3	7
8	7	9	3	2	6	1	5	4
3	5	4	8	1	7	6	9	2
1	6	2	5	9	4	3	7	8

第二十题

②	6	9	5	7	④	8	1	③
3	8	5	1	2	⑥	4	9	7
4	7	1	9	3	8	2	6	5
6	4	7	3	1	⑤	9	8	2
9	3	8	2	4	7	1	5	6
⑤	1	2	⑧	6	9	⑦	3	4
7	9	4	⑥	8	3	5	②	1
8	2	③	④	5	1	6	7	9
①	5	6	7	9	2	3	4	8

第二十一题

	3	2	2	1	4	3	5	4	2	
3	2	7	1	9	6	3	5	4	8	2
2	8	5	9	1	7	4	6	3	2	5
3	6	4	3	8	5	2	7	1	9	1
2	4	9	2	7	8	1	3	6	5	4
2	7	6	5	3	2	9	4	8	1	3
4	1	3	8	6	4	5	2	9	7	2
3	5	1	7	4	9	6	8	2	3	3
1	9	2	4	5	3	8	1	7	6	4
3	3	8	6	2	1	7	9	5	4	3
	2	2	4	6	3	3	1	3	4	

第二十二题

				大	奇				
偶	4	6	2	7	1	3	8	5	大
	1	3	8	5	7	6	4	2	
偶	6	2	5	4	3	8	1	7	
	7	8	3	1	5	2	6	4	偶
奇	5	1	6	3	2	4	7	8	
	8	4	7	2	6	1	5	3	奇
	2	5	1	8	4	7	3	6	
奇	3	7	4	6	8	5	2	1	小
				大	偶				

第二十三题

6-3:2	1-5:6	3-8:5	2-6:7	5-3:7	8-9:2	6-2:2	7-2:6	5-4:5	
7	8	3	9	5	6	4	1	2	7-8:1
6	1	9	2	4	7	3	8	5	4-7:1
4	2	5	8	1	3	6	7	9	4-7:7
3	9	2	1	6	4	8	5	7	9-5:6
1	4	6	5	7	8	2	9	3	4-2:5
5	7	8	3	9	2	1	4	6	5-1:6
8	6	1	7	2	9	5	3	4	6-5:5
2	5	7	4	3	1	9	6	8	4-8:5
9	3	4	6	8	5	7	2	1	3-1:7

第二十四题

	4	25	7	89	145	23	6	12	5	
4	4	2	6	9	1	3	8	7	5	7
35	1	5	3	8	4	7	6	2	9	29
9	8	9	7	6	5	2	3	1	4	1
14	7	1	4	2	3	9	5	6	8	58
269	2	6	9	5	7	8	4	3	1	134
35	3	8	5	1	6	4	7	9	2	27
1	5	7	1	4	9	6	2	8	3	3
46	6	4	2	3	8	1	9	5	7	59
8	9	3	8	7	2	5	1	4	6	6
	9	34	1	37	289	15	2	58	6	

2015 年初赛第一轮赛题

第一题

1	3	9	8	5	6	2	7	4
2	5	8	7	4	9	1	3	6
4	6	7	3	1	2	8	5	9
6	1	2	5	9	3	7	4	8
9	8	4	6	7	1	3	2	5
5	7	3	2	8	4	9	6	1
8	4	6	9	3	7	5	1	2
3	2	5	1	6	8	4	9	7
7	9	1	4	2	5	6	8	3

第二题

2	5	4	1	6	9	8	3	7
7	8	9	3	2	5	4	1	6
3	6	1	8	4	7	5	2	9
8	1	2	5	9	3	7	6	4
5	3	6	4	7	8	1	9	2
4	9	7	6	1	2	3	5	8
6	7	5	9	3	4	2	8	1
9	4	3	2	8	1	6	7	5
1	2	8	7	5	6	9	4	3

第三题

7	6	8	2	5	1	4	3	9
2	4	3	6	7	9	5	1	8
9	5	1	8	3	4	7	6	2
8	1	7	9	6	5	2	4	3
4	3	9	1	2	8	6	5	7
5	2	6	3	4	7	8	9	1
1	9	4	7	8	6	3	2	5
6	7	2	5	1	3	9	8	4
3	8	5	4	9	2	1	7	6

第四题

5	9	3	8	2	7	4	6	1
4	1	2	3	5	6	9	7	8
8	7	6	9	4	1	5	2	3
7	3	8	6	9	2	1	4	5
9	6	4	1	3	5	7	8	2
2	5	1	4	7	8	6	3	9
6	2	7	5	8	9	3	1	4
1	4	9	2	6	3	8	5	7
3	8	5	7	1	4	2	9	6

第五题

9	2	6	8	7	3	4	1	5
1	7	4	6	5	2	9	3	8
5	8	3	9	4	1	6	7	2
7	6	9	4	2	8	1	5	3
3	5	8	1	6	9	2	4	7
4	1	2	7	3	5	8	6	9
6	3	5	2	9	4	7	8	1
2	4	1	5	8	7	3	9	6
8	9	7	3	1	6	5	2	4

第六题

5	6	9	2	3	4	1	7	8
3	2	8	7	9	1	6	5	4
7	1	4	5	6	8	3	9	2
4	7	3	9	1	2	5	8	6
9	8	6	4	5	7	2	1	3
2	5	1	6	8	3	9	4	7
6	4	5	3	7	9	8	2	1
8	9	2	1	4	6	7	3	5
1	3	7	8	2	5	4	6	9

第七题

4	6	3	7	2	9	8	5	1
7	5	2	1	4	8	3	6	9
8	1	9	3	6	5	7	2	4
1	3	6	8	5	4	2	9	7
2	8	5	9	7	1	6	4	3
9	7	4	2	3	6	5	1	8
3	4	1	5	8	2	9	7	6
6	2	7	4	9	3	1	8	5
5	9	8	6	1	7	4	3	2

第八题

1	7	8	2	4	5	9	6	3
3	5	9	7	6	8	4	1	2
4	6	2	9	1	3	5	7	8
9	8	4	5	7	6	3	2	1
2	3	5	1	8	4	6	9	7
6	1	7	3	2	9	8	5	4
8	2	6	4	9	1	7	3	5
7	9	3	8	5	2	1	4	6
5	4	1	6	3	7	2	8	9

第九题

6	8	5	4	7	9	1	3	2
7	1	4	2	5	3	6	9	8
3	2	9	6	1	8	7	4	5
4	9	7	8	3	6	2	5	1
2	5	8	7	9	1	3	6	4
1	3	6	5	4	2	8	7	9
9	6	1	3	8	5	4	2	7
5	7	2	1	6	4	9	8	3
8	4	3	9	2	7	5	1	6

第十题

3	2	5	9	4	8	6	7	1
9	1	8	6	2	7	3	5	4
6	4	7	1	5	3	8	2	9
2	9	6	7	3	5	4	1	8
7	8	1	4	9	2	5	3	6
5	3	4	8	6	1	7	9	2
8	6	2	3	7	9	1	4	5
4	5	3	2	1	6	9	8	7
1	7	9	5	8	4	2	6	3

2015 年初赛第二轮赛题

第一题

6	4	3	5	2	1
1	2	5	3	4	6
4	5	1	6	3	2
3	6	2	4	1	5
2	3	6	1	5	4
5	1	4	2	6	3

第二题

5	4	6	3	2	1
1	3	2	5	6	4
2	6	1	4	3	5
4	5	3	6	1	2
6	1	4	2	5	3
3	2	5	1	4	6

第三题

	2	4	2	1	4	3	
2	5	2	3	6	1	4	2
3	1	4	6	5	3	2	4
1	6	5	2	3	4	1	4
3	3	1	4	2	6	5	2
2	2	6	1	4	5	3	3
3	4	3	5	1	2	6	1
	2	2	2	4	3	1	

第四题

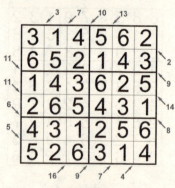

		3	7	10	13		
	3	1	4	5	6	2	
11	6	5	2	1	4	3	2
11	1	4	3	6	2	5	9
6	2	6	5	4	3	1	14
5	4	3	1	2	5	6	8
	5	2	6	3	1	4	
		16	9	7	4		

第五题

1	4	2	6	8	7	3	5	9
6	9	7	4	3	5	2	1	8
5	3	8	2	1	9	4	7	6
7	6	9	5	4	8	1	3	2
4	2	1	7	6	3	9	8	5
8	5	3	9	2	1	6	4	7
2	1	6	8	5	4	7	9	3
9	8	4	3	7	6	5	2	1
3	7	5	1	9	2	8	6	4

第六题

7	5	8	1	6	3	4	2	9
4	6	3	2	5	9	7	8	1
9	2	1	7	4	8	3	5	6
2	3	4	6	8	1	9	7	5
8	9	6	3	7	5	2	1	4
5	1	7	9	2	4	8	6	3
6	8	9	4	1	7	5	3	2
1	4	5	8	3	2	6	9	7
3	7	2	5	9	6	1	4	8

第七题

4	9	8	5	2	7	6	3	1
1	3	5	6	9	4	8	2	7
7	2	6	1	3	8	5	9	4
2	8	9	3	1	5	7	4	6
3	5	7	9	4	6	2	1	8
6	4	1	7	8	2	9	5	3
9	6	3	8	5	1	4	7	2
5	7	2	4	6	3	1	8	9
8	1	4	2	7	9	3	6	5

第八题

8	1	4	6	3	2	7	9	5
2	6	9	7	1	5	4	8	3
5	3	7	8	4	9	6	1	2
6	9	5	2	7	3	8	4	1
1	7	3	4	9	8	5	2	6
4	2	8	5	6	1	3	7	9
3	4	2	9	8	6	1	5	7
9	8	6	1	5	7	2	3	4
7	5	1	3	2	4	9	6	8

第九题

7	4	9	3	8	6	1	2	5
1	2	6	7	5	9	8	3	4
3	5	8	4	2	1	9	6	7
2	8	3	5	4	7	6	1	9
6	7	4	9	1	2	5	8	3
9	1	5	8	6	3	7	4	2
8	3	2	6	9	5	4	7	1
5	6	7	1	3	4	2	9	8
4	9	1	2	7	8	3	5	6

第十题

5	9	6	2	8	3	4	1	7
2	4	1	6	7	9	5	8	3
7	8	3	1	4	5	2	6	9
1	2	4	7	5	8	9	3	6
6	7	8	3	9	2	1	5	4
3	5	9	4	1	6	8	7	2
4	3	2	5	6	1	7	9	8
9	1	7	8	3	4	6	2	5
8	6	5	9	2	7	3	4	1

2015 年初赛第三轮赛题

第一题

2	4	3	1	5	6
1	5	6	3	2	4
3	6	2	4	1	5
4	1	5	6	3	2
5	3	4	2	6	1
6	2	1	5	4	3

第二题

1	4	6	2	5	3
5	2	3	6	1	4
2	1	5	3	4	6
3	6	4	5	2	1
6	5	1	4	3	2
4	3	2	1	6	5

第三题

4	5	1	6	2	3
2	6	3	1	4	5
1	3	5	4	6	2
6	4	2	5	3	1
3	1	6	2	5	4
5	2	4	3	1	6

第四题

6	4	2	5	3	1
3	1	5	4	6	2
2	6	3	1	5	4
1	5	4	6	2	3
4	2	6	3	1	5
5	3	1	2	4	6

第五题

3	8	6	2	4	1	9	7	5
2	7	4	3	9	5	8	6	1
9	1	5	8	6	7	3	4	2
1	5	2	9	3	4	6	8	7
8	3	7	5	2	6	1	9	4
6	4	9	1	7	8	5	2	3
7	6	1	4	8	3	2	5	9
5	2	8	7	1	9	4	3	6
4	9	3	6	5	2	7	1	8

第六题

9	4	2	3	8	6	7	1	5
3	1	8	7	5	9	4	6	2
6	7	5	1	4	2	9	8	3
8	2	4	5	6	3	1	7	9
1	9	3	8	2	7	5	4	6
5	6	7	9	1	4	3	2	8
2	3	6	4	9	1	8	5	7
4	8	9	6	7	5	2	3	1
7	5	1	2	3	8	6	9	4

第七题

8	9	4	3	2	7	5	6	1
1	6	5	9	4	8	7	2	3
7	2	3	1	5	6	4	9	8
2	4	8	7	9	1	3	5	6
6	7	1	5	3	4	2	8	9
5	3	9	8	6	2	1	7	4
9	1	2	4	8	5	6	3	7
3	5	7	6	1	9	8	4	2
4	8	6	2	7	3	9	1	5

第八题

5	6	4	8	1	2	3	7	9
7	2	9	5	6	3	4	1	8
8	3	1	7	9	4	2	5	6
9	1	7	4	2	5	8	6	3
3	4	5	6	8	1	7	9	2
2	8	6	3	7	9	5	4	1
4	7	2	9	3	6	1	8	5
1	9	8	2	5	7	6	3	4
6	5	3	1	4	8	9	2	7

第九题

1	3	9	7	4	5	2	8	6
7	9	3	2	6	1	8	4	5
5	6	8	1	2	3	4	7	9
4	8	6	5	9	2	3	1	7
2	1	5	9	7	8	6	3	4
8	7	1	4	3	9	5	6	2
3	2	4	6	1	7	9	5	8
9	4	7	8	5	6	1	2	3
6	5	2	3	8	4	7	9	1

第十题

	315	917	4	9	215	8		27	35	
9	3	9	8	6	5	7	4	2	1	42
1	5	1	6	4	2	8	9	7	3	
27	2	7	4	9	1	3	8	6	5	56
	6	2	5	1	3	9	7	8	4	478
	9	3	7	8	6	4	5	1	2	
481	4	8	1	2	7	5	3	9	6	
24	7	4	2	3	9	6	1	5	8	58
	8	6	9	5	4	1	2	3	7	2
31	1	5	3	7	8	2	6	4	9	6
	81	65		3	894	2	6	453	87	

2015 年复赛第一轮赛题

第一题

2	4	3	8	7	6	5	9	1
7	9	6	1	5	3	2	4	8
5	1	8	2	4	9	7	3	6
4	6	7	9	8	2	1	5	3
9	3	5	6	1	7	4	8	2
1	8	2	5	3	4	6	7	9
3	2	1	7	9	5	8	6	4
8	7	4	3	6	1	9	2	5
6	5	9	4	2	8	3	1	7

第二题

8	1	5	7	6	9	4	3	2
4	6	7	2	3	5	8	9	1
9	2	3	1	4	8	5	6	7
2	4	6	9	5	1	3	7	8
3	9	8	4	7	6	2	1	5
5	7	1	3	8	2	6	4	9
6	5	4	8	1	7	9	2	3
1	8	2	6	9	3	7	5	4
7	3	9	5	2	4	1	8	6

第三题

6	7	4	3	8	9	5	1	2
1	9	3	2	5	4	7	8	6
8	2	5	1	6	7	9	4	3
3	4	8	9	2	1	6	5	7
2	5	7	6	4	8	1	3	9
9	6	1	7	3	5	8	2	4
4	8	2	5	9	6	3	7	1
5	1	9	4	7	3	2	6	8
7	3	6	8	1	2	4	9	5

第四题

8	1	7	5	4	9	2	6	3
9	4	3	2	6	7	1	8	5
2	6	5	3	8	1	9	4	7
6	9	4	8	1	3	5	7	2
1	3	2	6	7	5	8	9	4
5	7	8	9	2	4	3	1	6
3	8	6	7	9	2	4	5	1
7	2	1	4	5	8	6	3	9
4	5	9	1	3	6	7	2	8

第五题

2	5	6	4	7	8	9	1	3
3	4	7	9	1	5	8	2	6
8	1	9	6	2	3	4	5	7
7	2	5	8	3	6	1	9	4
9	8	1	5	4	7	3	6	2
6	3	4	1	9	2	7	8	5
4	9	2	3	6	1	5	7	8
1	6	8	7	5	4	2	3	9
5	7	3	2	8	9	6	4	1

第六题

9	1	6	8	4	5	2	3	7
2	3	4	6	9	7	5	8	1
5	7	8	3	2	1	6	9	4
8	9	2	7	5	4	1	6	3
1	5	3	2	6	9	7	4	8
4	6	7	1	8	3	9	5	2
6	4	1	9	3	2	8	7	5
7	8	5	4	1	6	3	2	9
3	2	9	5	7	8	4	1	6

第七题

2	9	1	3	7	4	5	8	6
8	4	7	2	6	5	1	3	9
5	6	3	8	9	1	7	2	4
7	1	2	4	5	8	9	6	3
9	3	8	6	2	7	4	1	5
4	5	6	1	3	9	2	7	8
6	7	5	9	8	2	3	4	1
3	2	4	5	1	6	8	9	7
1	8	9	7	4	3	6	5	2

第八题

7	5	2	6	3	4	1	9	8
6	3	8	5	9	1	7	4	2
9	1	4	8	7	2	6	5	3
3	2	9	7	4	8	5	6	1
8	7	5	1	6	3	4	2	9
4	6	1	2	5	9	3	8	7
1	9	3	4	2	5	8	7	6
2	4	7	3	8	6	9	1	5
5	8	6	9	1	7	2	3	4

2015 年复赛第二轮赛题

第一题

4	9	7	6	2	3	1	5	8
2	5	3	1	8	9	4	7	6
6	1	8	7	4	5	9	2	3
3	6	9	5	1	2	8	4	7
1	4	5	3	7	8	2	6	9
8	7	2	9	6	4	5	3	1
5	8	6	2	9	7	3	1	4
7	3	4	8	5	1	6	9	2
9	2	1	4	3	6	7	8	5

第二题

5	4	1	8	9	6	7	3	2
7	6	2	3	1	5	9	8	4
8	9	3	7	2	4	1	5	6
9	2	7	1	4	8	3	6	5
4	5	6	9	3	7	8	2	1
1	3	8	6	5	2	4	9	7
2	7	9	4	6	3	5	1	8
6	1	4	5	8	9	2	7	3
3	8	5	2	7	1	6	4	9

第三题

2	4	9	7	3	1	5	8	6
1	7	6	5	8	2	3	4	9
5	8	3	6	4	9	7	2	1
6	5	2	3	1	7	4	9	8
9	3	4	8	2	5	1	6	7
7	1	8	4	9	6	2	5	3
3	2	5	1	6	8	9	7	4
4	6	7	9	5	3	8	1	2
8	9	1	2	7	4	6	3	5

第四题

6	2	9	4	5	8	3	1	7
7	4	1	2	3	6	9	5	8
3	8	5	1	9	7	2	4	6
2	7	3	5	8	4	1	6	9
9	1	8	3	6	2	5	7	4
5	6	4	9	7	1	8	3	2
8	3	2	6	4	5	7	9	1
1	5	6	7	2	9	4	8	3
4	9	7	8	1	3	6	2	5

第五题

3	6	9	5	2	8	4	7	1
4	5	2	7	3	1	6	9	8
1	7	8	6	4	9	2	3	5
7	2	6	1	9	4	5	8	3
8	4	5	2	7	3	9	1	6
9	1	3	8	6	5	7	2	4
6	9	1	3	5	7	8	4	2
5	8	4	9	1	2	3	6	7
2	3	7	4	8	6	1	5	9

第六题

7	8	2	9	6	5	3	4	1
6	9	4	1	2	3	7	5	8
3	5	1	7	8	4	6	2	9
5	1	3	4	9	6	2	8	7
9	4	6	8	7	2	5	1	3
2	7	8	3	5	1	4	9	6
8	6	7	2	4	9	1	3	5
1	2	5	6	3	8	9	7	4
4	3	9	5	1	7	8	6	2

第七题

9	1	2	4	6	3	5	7	8
3	4	5	1	7	8	9	2	6
6	7	8	5	9	2	1	3	4
2	9	7	3	8	1	4	6	5
8	5	4	9	2	6	7	1	3
1	3	6	7	5	4	2	8	9
4	6	9	8	1	7	3	5	2
5	8	1	2	3	9	6	4	7
7	2	3	6	4	5	8	9	1

第八题

8	5	1	9	6	3	4	7	2
7	3	9	4	2	8	1	5	6
4	6	2	7	1	5	3	8	9
9	1	5	8	4	6	7	2	3
3	8	4	5	7	2	9	6	1
6	2	7	3	9	1	8	4	5
1	9	8	2	5	4	6	3	7
5	4	6	1	3	7	2	9	8
2	7	3	6	8	9	5	1	4

2015 年复赛第三轮赛题

第一题

6	7	2	1	3	5	4	9	8
8	5	3	7	4	9	6	2	1
4	9	1	2	6	8	3	5	7
9	3	5	8	1	6	7	4	2
7	6	8	4	9	2	1	3	5
2	1	4	5	7	3	9	8	6
3	8	7	6	5	4	2	1	9
5	4	6	9	2	1	8	7	3
1	2	9	3	8	7	5	6	4

第二题

1	4	2	8	3	6	5	7	9
5	7	6	9	4	2	1	8	3
8	3	9	1	5	7	4	2	6
4	1	7	5	2	3	6	9	8
9	2	3	4	6	8	7	1	5
6	8	5	7	1	9	2	3	4
2	9	8	6	7	4	3	5	1
7	6	1	3	8	5	9	4	2
3	5	4	2	9	1	8	6	7

第三题

7	3	2	8	1	9	5	4	6
1	9	8	5	6	4	7	2	3
6	5	4	2	3	7	8	1	9
9	4	5	7	2	1	6	3	8
8	1	6	4	9	3	2	7	5
3	2	7	6	8	5	4	9	1
2	6	9	1	7	8	3	5	4
5	8	3	9	4	2	1	6	7
4	7	1	3	5	6	9	8	2

第四题

8	4	7	2	1	9	6	5	3
5	6	3	7	4	8	1	9	2
2	1	9	5	6	3	8	4	7
9	8	6	3	7	1	5	2	4
4	2	5	9	8	6	7	3	1
7	3	1	4	2	5	9	8	6
1	5	8	6	3	4	2	7	9
6	7	4	8	9	2	3	1	5
3	9	2	1	5	7	4	6	8

第五题

2	1	8	9	3	4	6	5	7
3	5	9	7	1	6	4	8	2
7	4	6	2	8	5	3	9	1
1	3	5	8	4	9	2	7	6
4	6	7	5	2	1	8	3	9
9	8	2	3	6	7	1	4	5
8	7	3	6	9	2	5	1	4
5	2	1	4	7	3	9	6	8
6	9	4	1	5	8	7	2	3

第六题

5	2	7	3	4	8	9	6	1
9	6	4	5	2	1	8	7	3
1	8	3	6	7	9	2	4	5
3	1	8	9	6	2	7	5	4
4	7	5	1	8	3	6	2	9
6	9	2	4	5	7	1	3	8
7	3	9	2	1	4	5	8	6
2	5	1	8	3	6	4	9	7
8	4	6	7	9	5	3	1	2

第七题

	3	2	3	3	3	7	3	1	3	
3	3	8	7	6	2	1	5	9	4	2
2	2	9	4	8	5	3	7	6	1	5
3	6	5	1	7	9	4	3	8	2	3
1	9	6	2	1	3	5	4	7	8	2
3	4	3	8	2	7	6	9	1	5	2
2	7	1	5	9	4	8	6	2	3	4
2	8	4	9	5	1	7	2	3	6	3
4	1	7	3	4	6	2	8	5	9	1
4	5	2	6	3	8	9	1	4	7	2
	3	3	2	4	2	1	3	5	2	

第八题

2	5	1	6	3	4	7	8
7	3	4	8	6	2	5	1
8	4	3	5	1	7	2	6
6	2	7	1	8	3	4	5
1	8	2	4	5	6	3	7
5	7	6	3	2	1	8	4
3	6	8	7	4	5	1	2
4	1	5	2	7	8	6	3

2015 年复赛第四轮赛题

第一题

```
5 6 7 3 2 1 8 4 9
2 4 1 9 8 5 3 7 6
3 1 9 7 6 4 5 8 2
4 9 2 8 5 6 1 3 7
8 7 6 2 1 9 4 5 3
1 5 8 6 9 3 7 2 4
6 3 5 4 7 2 9 1 8
9 8 3 5 4 7 2 6 1
7 2 4 1 3 8 6 9 5
```

第二题

```
2 8 6 7 9 1 3 5 4
7 3 1 2 5 4 8 9 6
5 9 4 3 8 6 2 7 1
3 1 2 9 4 7 6 8 5
9 4 7 5 6 8 1 3 2
8 6 5 1 3 2 9 4 7
1 7 3 8 2 5 4 6 9
6 5 9 4 1 3 7 2 8
4 2 8 6 7 9 5 1 3
```

第三题

```
7 4 2 6 9 8 3 5 1
6 5 1 3 4 7 8 9 2
8 9 3 1 2 5 7 4 6
9 8 6 2 1 3 4 7 5
2 7 5 9 8 4 6 1 3
3 1 4 5 7 2 8 9 ...
1 3 8 4 6 9 5 2 7
5 2 7 8 3 1 9 6 4
4 6 9 7 5 2 1 3 8
```

第四题

10 21 18

```
1 6 5 8 7 2 9 3 4
4 9 3 6 1 5 8 7 2    5
7 2 8 9 3 4 1 5 6    22
5 7 1 4 6 3 2 8 9    24
2 3 9 7 8 1 6 4 5
6 8 4 2 5 9 3 1 7
9 4 7 1 3 2 8 5 ...
3 1 6 5 9 7 4 2 ...
8 5 2 3 4 6 7 9 1
```

19
12
8

23 12 17

第五题

```
6 9 5 8 3 1 7 4 2
2 3 7 6 9 4 8 5 1
4 8 1 2 5 7 9 3 6
5 6 9 7 1 8 3 2 4
7 1 4 9 2 3 6 8 5
8 2 3 4 6 5 1 7 9
1 4 6 3 7 9 2 8 5
3 5 2 1 8 6 4 9 7
9 7 8 5 4 2 6 1 3
```

第六题

```
8 1 2 7 3 4 9 5 6
3 7 9 8 5 6 4 1 2
4 6 5 2 1 9 7 3 8
6 4 1 3 9 5 2 8 7
2 5 3 4 7 8 1 6 9
7 9 8 6 2 1 5 4 3
9 3 4 1 8 7 6 2 5
1 2 7 5 6 3 8 9 4
5 8 6 9 4 2 3 7 1
```

第七题

7	8	1	9	5	4	6	3	2
5	9	6	2	3	7	8	4	1
2	4	3	6	8	1	7	9	5
9	3	5	7	2	6	4	1	8
8	1	7	3	4	5	9	2	6
6	2	4	8	1	9	3	5	7
4	7	2	5	9	8	1	6	3
3	6	9	1	7	2	5	8	4
1	5	8	4	6	3	2	7	9

第八题

4	3	5	6	9	8	2	7	1
7	9	6	2	1	4	3	8	5
2	1	8	3	7	5	6	4	9
8	7	9	1	3	2	5	6	4
1	4	2	8	5	6	9	3	7
5	6	3	7	4	9	8	1	2
9	5	7	4	8	3	1	2	6
6	8	4	5	2	1	7	9	3
3	2	1	9	6	7	4	5	8

2015 年决赛赛题

第一题

6	4	5	3	1	9	7	8	2
2	8	9	6	4	7	1	5	3
3	1	7	2	5	8	4	9	6
4	3	2	9	7	6	8	1	5
1	9	8	5	2	4	3	6	7
5	7	6	1	8	3	2	4	9
8	5	4	7	6	2	9	3	1
9	2	1	4	3	5	6	7	8
7	6	3	8	9	1	5	2	4

第二题

4	3	8	1	2	6	5	9	7
9	7	2	5	3	8	6	4	1
6	5	1	7	4	9	2	8	3
8	9	7	3	5	4	1	6	2
2	4	6	9	1	7	3	5	8
3	1	5	8	6	2	4	7	9
1	8	4	6	7	3	9	2	5
7	2	3	4	9	5	8	1	6
5	6	9	2	8	1	7	3	4

第三题

4	3	5	7	8	6	2	9	1
7	2	8	1	9	5	4	3	6
6	9	1	2	3	4	8	5	7
8	4	7	3	5	2	6	1	9
3	1	9	4	6	8	7	2	5
2	5	6	9	7	1	3	8	4
5	7	2	6	1	3	9	4	8
1	6	4	8	2	9	5	7	3
9	8	3	5	4	7	1	6	2

第四题

7	5	2	3	1	8	4	9	6
4	9	6	2	7	5	1	8	3
8	1	3	4	9	6	7	5	2
2	6	1	9	8	7	3	4	5
5	4	9	6	3	1	8	2	7
3	8	7	5	2	4	6	1	9
1	2	4	7	5	3	9	6	8
6	3	5	8	4	9	2	7	1
9	7	8	1	6	2	5	3	4

第五题

5	1	9	8	2	4	3	7	6
7	8	6	5	9	3	2	4	1
4	2	3	6	7	1	5	9	8
2	7	8	3	5	9	6	1	4
6	5	1	7	4	8	9	3	2
9	3	4	1	6	2	8	5	7
3	6	7	2	1	5	4	8	9
8	9	2	4	3	7	1	6	5
1	4	5	9	8	6	7	2	3

第六题

6	1	4	7	9	3	8	5	2
2	3	5	1	6	8	7	4	9
8	7	9	4	2	5	6	1	3
4	8	7	6	3	9	5	2	1
9	5	3	2	1	7	4	6	8
1	6	2	5	8	4	9	3	7
3	2	8	9	4	6	1	7	5
5	4	1	8	7	2	3	9	6
7	9	6	3	5	1	2	8	4

第七题

3	4	6	2	9	8	5	7	1
9	2	7	6	5	1	3	8	4
1	5	8	4	7	3	2	9	6
6	9	5	7	8	4	1	3	2
4	7	1	3	2	6	8	5	9
8	3	2	9	1	5	6	4	7
7	8	9	1	3	2	4	6	5
2	6	3	5	4	9	7	1	8
5	1	4	8	6	7	9	2	3

第八题

9	8	5	3	4	1	7	2	6
6	4	3	7	2	9	1	8	5
1	2	7	6	8	5	4	9	3
4	9	6	1	7	8	3	5	2
3	1	2	9	5	6	8	4	7
7	5	8	4	3	2	6	1	9
5	7	9	8	6	4	2	3	1
2	6	4	5	1	3	9	7	8
8	3	1	2	9	7	5	6	4

第九题

8	3	1	6	7	5	2	9	4
9	6	2	1	4	8	3	7	5
5	4	7	3	9	2	8	6	1
1	5	9	4	8	6	7	3	2
3	2	8	9	1	7	4	5	6
6	7	4	5	2	3	9	1	8
4	1	3	2	6	9	5	8	7
7	9	6	8	5	4	1	2	3
2	8	5	7	3	1	6	4	9

第十题

1	3	4	2	5	7	6	9	8
6	9	8	1	3	4	7	5	2
7	2	5	6	9	8	1	3	4
4	8	3	7	6	5	9	2	1
2	6	1	9	8	3	4	7	5
5	7	9	4	1	2	8	6	3
8	1	2	5	7	9	3	4	6
3	4	7	8	2	6	5	1	9
9	5	6	3	4	1	2	8	7

第十一题

2	7	4	5	8	6	1	3
6	1	3	8	5	4	7	2
4	3	1	6	2	7	8	5
5	8	7	2	3	1	6	4
8	5	2	7	1	3	4	6
1	2	6	4	7	5	3	8
7	6	8	3	4	2	5	1
3	4	5	1	6	8	2	7

第十二题

9	6	2	4	3	5	8	1	7
1	4	3	6	7	8	2	9	5
5	8	7	2	9	1	3	6	4
6	5	9	7	1	3	4	2	8
3	1	8	5	4	2	9	7	6
7	2	4	9	8	6	1	5	3
4	9	1	3	5	7	6	8	2
2	3	5	8	6	9	7	4	1
8	7	6	1	2	4	5	3	9

第十三题

4	9	1	2	3	5	6	8	7
6	8	3	1	9	7	5	4	2
7	2	5	8	4	6	9	3	1
9	1	7	6	5	8	4	2	3
5	3	4	9	2	1	7	6	8
2	6	8	3	7	4	1	5	9
8	7	2	4	6	9	3	1	5
1	5	6	7	8	3	2	9	4
3	4	9	5	1	2	8	7	6

第十四题

4	3	8	6	2	9	7	1	5
5	1	6	4	3	7	8	2	9
7	2	9	8	5	1	4	3	6
6	4	2	1	8	5	9	7	3
8	7	3	9	6	2	5	4	1
9	5	1	7	4	3	6	8	2
2	6	4	3	9	8	1	5	7
1	8	5	2	7	6	3	9	4
3	9	7	5	1	4	2	6	8

第十五题

5	7	6	2	4	8	1	3	9
4	2	1	3	5	9	8	7	6
3	9	8	6	7	1	4	5	2
8	1	5	7	2	6	3	9	4
9	4	2	8	3	5	6	1	7
7	6	3	1	9	4	2	8	5
6	3	9	4	8	7	5	2	1
2	5	4	9	1	3	7	6	8
1	8	7	5	6	2	9	4	3

第十六题

9	2	1	5	7	6	3	4	8
4	3	6	2	8	9	7	5	1
5	8	7	1	4	3	2	6	9
3	1	8	4	6	7	5	9	2
7	5	4	9	1	2	8	3	6
6	9	2	8	3	5	1	7	4
8	6	5	7	9	1	4	2	3
1	7	9	3	2	4	6	8	5
2	4	3	6	5	8	9	1	7

第十七题

						4	3	5		
2	5	9	4	7	8	2	1	3	6	3
	7	8	6	9	1	3	2	4	5	
7	1	2	3	4	5	6	9	7	8	
2	6	5	9	8	7	4	3	2	1	7
	2	1	8	6	3	9	4	5	7	
4	4	3	7	5	2	1	6	8	9	1
	9	7	2	3	6	5	8	1	4	3
	8	6	1	2	4	7	5	9	3	
4	3	4	5	1	9	8	7	6	2	5
		5	4	7						

第十八题

			奇		大	小			
	7	8	1	4	5	2	6	3	
	5	2	3	6	8	1	7	4	
偶	2	6	5	1	3	4	8	7	
大	8	7	4	3	2	6	5	1	奇
小	4	3	7	8	6	5	1	2	小
	1	5	6	2	7	3	4	8	偶
	3	1	8	5	4	7	2	6	
	6	4	2	7	1	8	3	5	
			偶	奇		大			

第十九题

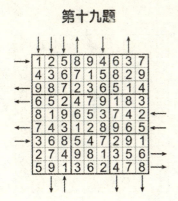

	↓	↓	↓	↑		↓		↑		
→	1	2	5	8	9	4	6	3	7	
	4	3	6	7	1	5	8	2	9	
←	9	8	7	2	3	6	5	1	4	
←	6	5	2	4	7	9	1	8	3	
	8	1	9	6	5	3	7	4	2	←
←	7	4	3	1	2	8	9	6	5	←
→	3	6	8	5	4	7	2	9	1	
	2	7	4	9	8	1	3	5	6	→
	5	9	1	3	6	2	4	7	8	→
		↓	↑				↓		↓	

第二十题

	25	7	4	34		59	15	7	9	
5	5	3	6	4	8	7	1	2	9	19
14	1	9	4	2	6	5	3	7	8	3
2	2	7	8	3	1	9	5	6	4	56
59	9	4	5	7	2	3	8	1	6	6
38	3	8	7	6	4	1	9	5	2	59
6	6	1	2	9	5	8	4	3	7	47
59	7	5	9	8	3	2	6	4	1	6
3	4	2	3	1	9	6	7	8	5	57
68	8	6	1	5	7	4	2	9	3	9
	7	6	19	58		26	2	4	15	

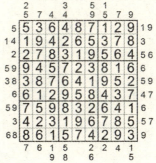

2015 年总决赛赛题

第一题

7	2	8	3	4	6	1	5	9
6	4	3	9	5	1	7	8	2
9	1	5	2	7	8	4	6	3
1	3	7	5	6	2	8	9	4
8	5	9	4	3	7	6	2	1
4	6	2	8	1	9	3	7	5
2	7	6	1	9	4	5	3	8
3	8	1	7	2	5	9	4	6
5	9	4	6	8	3	2	1	7

第二题

9	6	1	5	7	2	4	8	3
8	4	3	7	5	6	2	1	9
3	7	5	2	1	4	6	9	8
4	9	2	8	3	7	1	5	6
6	8	4	3	9	5	7	2	1
1	5	6	9	2	3	8	7	4
2	1	8	6	4	9	5	3	7
5	3	7	1	6	8	9	4	2
7	2	9	4	8	1	3	6	5

第三题

[11]6	5	[5]2	3	[10]9	1	[23]7	8	[5]4
[18]9	8	[9]4	5	[9]7	6	2	[8]3	1
[10]7	1	[22]3	4	2	[23]8	6	5	[11]9
3	7	8	[7]6	[12]4	9	[6]5	1	2
[5]4	[11]2	[21]6	1	8	[7]5	[24]9	7	[15]3
1	9	5	[15]7	3	2	8	4	6
[23]8	6	1	9	5	[8]3	4	2	[29]7
5	3	[16]7	[10]2	[10]6	4	1	9	8
[6]2	4	9	8	[8]1	7	[9]3	6	5

第四题

4	7	8	3	5	9	6	1	2
1	3	2	6	8	4	9	7	5
5	6	9	7	1	2	8	3	4
7	1	4	8	9	3	5	2	6
8	5	3	2	7	6	4	9	1
2	9	6	1	4	5	7	8	3
3	4	7	9	6	1	2	5	8
9	2	5	4	3	8	1	6	7
6	8	1	5	2	7	3	4	9

第五题

8	1	2	6	9	4	3	7	5
3	9	4	8	7	5	6	1	2
7	6	5	3	1	2	9	4	8
2	8	3	5	4	1	7	9	6
5	4	9	2	6	7	8	3	1
6	7	1	9	3	8	2	5	4
9	2	8	4	5	3	1	6	7
1	5	6	7	2	9	4	8	3
4	3	7	1	8	6	5	2	9

2014 年、2015 年选拔难题详解

1 星积数独

14	105	360	210	27	14	4	960	180	
4	3	1	8	9	2	7	5	6	270
2	8	7	3	5	6	4	1	9	216
9	6	5	1	7	4	3	8	2	40
3	5	4	7	2	1	6	9	8	35
1	2	8	6	3	9	5	7	4	96
7	9	6	4	8	5	1	2	3	7
8	1	2	5	6	3	9	4	7	20
6	4	9	2	1	7	8	3	5	630
5	7	3	9	4	8	2	6	1	42

2 黑白点数独

6	2	8	5	9	4	7	1	3
5	9	1	6	7	3	2	8	4
7	3	4	2	1	8	5	9	6
2	6	7	1	3	9	4	5	8
1	5	9	4	8	2	6	3	7
4	8	3	7	5	6	1	2	9
8	7	2	3	4	5	9	6	1
9	4	6	8	2	1	3	7	5
3	1	5	9	6	7	8	4	2

3 奇偶扫雷数独

(2)	6	9	5	7	(4)	8	1	(3)
3	8	5	1	2	(6)	4	9	7
4	7	1	9	3	8	2	6	5
6	4	7	3	1	(5)	9	8	2
9	3	8	2	4	7	1	5	6
(5)	1	2	(8)	6	9	(7)	3	4
7	9	4	(6)	8	3	5	(2)	1
8	2	(3)	(4)	5	1	6	7	9
(1)	5	6	7	9	2	3	4	8

4 距离数独

6-3:2	1-5:6	3-8:5	2-6:7	5-3:7	8-9:2	6-2:2	7-2:6	5-4:5	
7	8	3	9	5	6	4	1	2	7-8:1
6	1	9	2	4	7	3	8	5	4-7:1
4	2	5	8	1	3	6	7	9	4-7:7
3	9	2	1	6	4	8	5	7	9-5:6
1	4	6	5	7	8	2	9	3	4-2:5
5	7	8	3	9	2	1	4	6	5-1:6
8	6	1	7	2	9	5	3	4	6-5:5
2	5	7	4	3	1	9	6	8	4-8:5
9	3	4	6	8	5	7	2	1	3-1:7

5 外提示数独

	4	25	7	89	145	23	6	12	5	
4	4	2	6	9	1	3	8	7	5	7
35	1	5	3	8	4	7	6	2	9	29
9	8	9	7	6	5	2	3	1	4	1
14	7	1	4	2	3	9	5	6	8	58
269	2	6	9	5	7	8	4	3	1	134
35	3	8	5	1	6	4	7	9	2	27
1	5	7	1	4	9	6	2	8	3	3
46	6	4	2	3	8	1	9	5	7	59
8	9	3	8	7	2	5	1	4	6	6
	9	34	1	37	289	15	2	58	6	

6 四则数独

3	4	6	2	9	8	5	7	1
9	2	7	6	5	1	3	8	4
1	5	8	4	7	3	2	9	6
6	9	5	7	8	4	1	3	2
4	7	1	3	2	6	8	5	9
8	3	2	9	1	5	6	4	7
7	8	9	1	3	2	4	6	5
2	6	3	5	4	9	7	1	8
5	1	4	8	6	7	9	2	3

7 连续数数独

9	6	2	4	3	5	8	1	7
1	4	3	6	7	8	2	9	5
5	8	7	2	9	1	3	6	4
6	5	9	7	1	3	4	2	8
3	1	8	5	4	2	9	7	6
7	2	4	9	8	6	1	5	3
4	9	1	3	5	7	6	8	2
2	3	5	8	6	9	7	4	1
8	7	6	1	2	4	5	3	9

8 钟面数独

5	7	6	2	4	8	1	3	9
4	2	1	3	5	9	8	7	6
3	9	8	6	7	1	4	5	2
8	1	5	7	2	6	3	9	4
9	4	2	8	3	5	6	1	7
7	6	3	1	9	4	2	8	5
6	3	9	4	8	7	5	2	1
2	5	4	9	1	3	7	6	8
1	8	7	5	6	2	9	4	3

9 摩天楼数独

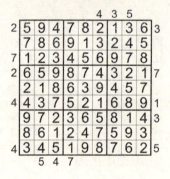

						4	3	5		
2	5	9	4	7	8	2	1	3	6	3
	7	8	6	9	1	3	2	4	5	
7	1	2	3	4	5	6	9	7	8	
2	6	5	9	8	7	4	3	2	1	7
	2	1	8	6	3	9	4	5	7	
4	4	3	7	5	2	1	6	8	9	1
	9	7	2	3	6	5	8	1	4	3
	8	6	1	2	4	7	5	9	3	
4	3	4	5	1	9	8	7	6	2	5
		5	4	7						

10 方向数独

	↓	↓	↓	↑		↓		↑		
→	1	2	5	8	9	4	6	3	7	
	4	3	6	7	1	5	8	2	9	
←	9	8	7	2	3	6	5	1	4	
←	6	5	2	4	7	9	1	8	3	
	8	1	9	6	5	3	7	4	2	←
←	7	4	3	1	2	8	9	6	5	←
→	3	6	8	5	4	7	2	9	1	
	2	7	4	9	8	1	3	5	6	→
	5	9	1	3	6	2	4	7	8	→
		↓	↑				↓		↓	

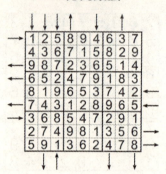

科学出版社

科龙图书读者意见反馈表

书　名 _____

个人资料

姓　名：_____ 年　龄：_____ 联系电话：_____

专　业：_____ 学　历：_____ 所从事行业：_____

通信地址：_____ 邮　编：_____

E-mail：_____

宝贵意见

◆ 您能接受的此类图书的定价

　　20 元以内□　30 元以内□　50 元以内□　100 元以内□　均可接受□

◆ 您购本书的主要原因有(可多选)

　　学习参考□　教材□　业务需要□　其他_____

◆ 您认为本书需要改进的地方(或者您未来的需要)

_____

_____

◆ 您读过的好书(或者对您有帮助的图书)

_____

_____

◆ 您希望看到哪些方面的新图书

_____

_____

◆ 您对我社的其他建议

_____

_____

　　谢谢您关注本书！您的建议和意见将成为我们进一步提高工作的重要参考。我社承诺对读者信息予以保密，仅用于图书质量改进和向读者快递新书信息工作。对于已经购买我社图书并回执本“科龙图书读者意见反馈表”的读者，我们将为您建立服务档案，并定期给您发送我社的出版资讯或目录；同时将定期抽取幸运读者，赠送我社出版的新书。如果您发现本书的内容有个别错误或纰漏，烦请另附勘误表。

回执地址：北京市朝阳区华严北里 11 号楼 3 层

　　　　　　科学出版社东方科龙图文有限公司经营管理编辑部(收)

　　　　　　邮编：100029

相关数独畅销书